Bernhard Bartholmes

# Segeln in der Karibik 2

Anguilla-Dominica

Edition Maritim

Autor und Verlag übernehmen für Irrtümer, Fehler oder Weglassungen keinerlei Gewährleistung oder Haftung. Die Pläne dienen zur Orientierung und nicht zur Navigation; sie ersetzen also keinerlei Seekarten oder Seehandbücher.

**Impressum**

Die Deutsche Bibliothek – CIP-Einheitsaufnahme
**Segeln in der Karibik.** – Hamburg: Ed. Maritim
(Nautischer Reiseführer)
2. Anguilla – Dominica / Bernhard Bartholmes. –
2. Aufl. 1992
ISBN 3-89225-177-0
NE: Bartholmes, Bernhard

© DK Edition Maritim GmbH 1989
Stubbenhuk 10, D-2000 Hamburg 11

Umschlag: Jan Buchholz und Reni Hinsch, Hamburg
Satz und Lithografie:
Grafisches Zentrum Hess GmbH, Hamburg
Druck: W. Kohlhammer, Stuttgart
Bindearbeiten: Büge, Celle
Pläne: Bernhard Bartholmes, Hochheim
Lithografie der Pläne: Baader, Hamburg
Fotos: Bernhard Bartholmes und
Dr. Renate Bartholmes, Hochheim
Titelfoto: Anse Marcel / St. Martin

Printed in Germany 1992

Alle Rechte vorbehalten! Ohne ausdrückliche Erlaubnis des Verlages darf das Werk, auch nicht Teile daraus, weder reproduziert, übertragen noch kopiert werden, wie z. B. manuell oder mit Hilfe elektronischer und mechanischer Systeme incl. Fotokopieren, Bandaufzeichnung und Datenspeicherung.

# Inhalt

Vorwort ........................ 7
**Einführung** ..................... 8
Geografische Gliederung ............. 8
Bodengestalt und Naturverhältnisse ....... 8
Politische Struktur ................. 8
Land und Leute ................... 9
Geschichte ..................... 10

**Klima und Windverhältnisse** ......... 15
Regen ........................ 16
Der Passat ..................... 17
Hurrikans ...................... 18
Hurrikan-Saison .................. 22
Die Leeward-Inseln ................ 24
Natürliche Wirbelsturm-Frühwarnsignale .. 24
Die Norder ..................... 25
Seegang und Strömungen ............ 25
Gezeiten ...................... 26
Wetterinformationen ............... 26

**Navigation** ..................... 29
Betonnung und Seezeichen ........... 31
Zeichenerklärung ................. 31
Augapfel-Navigation ............... 32
Seekarten ..................... 32
Nautische Bücher ................. 35
Die Funknavigation ................ 36

**Hinweise und Warnungen** ........... 36
Betonnung und Befeuerung ........... 36
Saba Bank ..................... 37
Die Wahl des Ankerplatzes ........... 37
Fluchthäfen .................... 37
Sombrero-Passage ................ 37

**Reise- und Chartertips** ............. 38
Telefon ....................... 38
Telegramme / Telex ................ 38
Briefsendungen .................. 39

Radiotelefon .................... 39
Yacht-Etikette ................... 40
Formalitäten / Ein- und Ausklarieren ..... 40
Medizinische Informationen .......... 43
Charterinformationen ............... 46
Anreise in die Karibik ............... 48

**Das Korallenriff** .................. 48

**Anguilla** ....................... 53
Südküste ...................... 55
Blowing Point Harbour .............. 55
Nordwestküste ................... 55
Sandy Island .................... 55
Prickley Pear Cays ................. 57
Road Bay ...................... 57
Sandy Ground Village ............... 59
Crocus Bay ..................... 60
Nordküste ..................... 61
Island Harbour ................... 61

**St. Maarten / St. Martin** ............. 63
Anse Marcel .................... 67
Port Lonvilliers (Marina) ............. 68
Der Hotelkomplex ................. 68
Basse Espagnole, Tintamarre Island ..... 68
Ostküste ...................... 70
Orient Bay / Baie Orientale ........... 70
Oyster Pond .................... 72
Südküste ...................... 75
Philipsburg ..................... 76
Bobby's Marina .................. 79
Great Bay Marina ................. 79
Simson Baai .................... 79
Grand Etang de Simson Baai ......... 80
Port de Plaisance ................. 83
Simson Bay Yacht Club .............. 84
Island Water World Marina ........... 84
Baie de Marigot .................. 84

## Inhalt

| | | | |
|---|---|---|---|
| Port la Royale | 86 | St. John's Harbour | 145 |
| Marigot | 86 | Dickenson Bay | 145 |
| | | Nordwest- bis Ostküste | 146 |
| **St. Barthélemy (St. Barths)** | 87 | Parham Sound / North Sound | 147 |
| Die Nordwestküste | 88 | Crabbs Marina | 149 |
| Die Nordküste | 89 | Südostküste | 149 |
| Baie de St. Jean | 90 | Nonsuch Bay | 149 |
| Anse de Marigot | 90 | Willoughby Bay | 153 |
| Südküste | 92 | Mamora Bay | 154 |
| Port de Gustavia | 92 | Indian Creek | 155 |
| **Saba** | 105 | **Barbuda** | 157 |
| Fort Baai | 107 | | |
| Ladder Baai | 107 | **Guadeloupe und Nebeninseln** | 161 |
| Well's Baai | 107 | Die Westküste | 162 |
| | | Anse Deshaies | 163 |
| **St. Eustatius** | 111 | Anse à la Barque | 164 |
| Oranje Baai | 115 | Basseterre | 165 |
| Oranjestad | 116 | Port de Rivière Sens (Marina) | 165 |
| | | Südostküste | 167 |
| **St. Christopher (St. Kitts)** | 119 | Pointe-à-Pitre | 167 |
| Südwestküste | 120 | Marina du Bas-du-Fort | 167 |
| Sandy Point Village | 121 | Le Gosier | 169 |
| Basseterre | 121 | Marina du St. François | 170 |
| Südostküste | 124 | | |
| Frigate Bay | 124 | **Marie Galante** | 172 |
| White House Bay | 124 | Saint Louis | 172 |
| Ballast Bay | 125 | Grand Bourg | 173 |
| The Narrows | 125 | | |
| | | **Îles des Saintes** | 175 |
| **Nevis** | 127 | Terre d'en Haut | 175 |
| Charlestown | 128 | Bourg des Saintes | 175 |
| | | Anse du Bourg | 177 |
| **Montserrat** | 129 | Ilet à Cabrit | 177 |
| Plymouth | 131 | Anse à Cointe | 177 |
| **Antigua** | 135 | **Dominica** | 179 |
| Südküste | 137 | Prince Rupert Bay | 179 |
| English Harbour | 137 | Portsmouth | 181 |
| Falmouth Harbour | 141 | Roseau | 183 |
| Catamaran Marina | 143 | | |
| Carlisle Bay | 143 | **Anhang** | 184 |

# Vorwort

Die Hafenpläne und Skizzen von Ankerplätzen im revierbeschreibenden Teil wurden nach bestem Wissen und Gewissen von mir angefertigt und durch Luftaufnahmen ergänzt. Kritische Riffdurchfahrten wurden vom Dingi aus mit dem Handlot ausgelotet; das gleiche gilt für Ankerplätze, wo ich mit dem Echolot gravierende Abweichungen zu den Angaben im Kartenmaterial festgestellt habe.

Mehrmals habe ich die karibischen Inseln von Grenada im Süden der Grenadinen bis Virgin Gorda und Anegada im Norden der Virgin Islands befahren und dabei festgestellt, daß das Fahrtgebiet um die Leeward-Inseln seglerisch zu den anspruchvollsten zählt.

Das kommt in erster Linie daher, daß es hier weniger geschützte Häfen und Ankerplätze gibt als z.B. auf den Virgins und daß der Strom zwischen den Inseln unterschiedlich setzt, was Richtung und Stärke anbetrifft. Zum anderen stehen dem Sportskipper nur wenige verwendbare nautische Unterlagen zur Verfügung. Die Daten einiger Seekarten stammen noch aus Zeiten um die Jahrhundertwende, und die verwendbaren Tiefenangaben beziehen sich fast nur auf das tiefe Wasser. Die für den Segler wichtigen Tiefenangaben im Bereich der Nahansteuerung sind oft unzuverlässig.

Hinzu kommt, daß alle vier bis fünf Jahre ein Hurrikan oder tropischer Sturm über die Inseln fegt und den Untergrund verändert, indem Sandbänke wandern oder Schiffe auf Grund gehen; beides wird zu spät oder gar nicht in die Seekarten eingetragen.

Wetterberichte sollten mindestens zweimal täglich abgehört werden (auch beim Ankerliegen), um rechtzeitig in einen geschützten Hafen oder eine Bucht mit besserem Ankergrund verholen zu können.

Der Augapfelnavigation kommt hier besondere Bedeutung zu.

Man sollte die Schläge mit Einsteuerungen bzw. unbekannten Riffdurchfahrten von *Ost nach West* so planen, daß der Anker um 14.00 Uhr fällt; Riffdurchfahrten in umgekehrte Richtungen sollte man nur bis spätestens 16.00 Uhr und bei klarem Sonnenlicht riskieren. Dies setzt voraus, daß der Tagesschlag am Abend vorher abgesteckt und berechnet wird, so daß am nächsten Tag Kurs, Fahrt über Grund und Zeit nur noch durch Peilungen überprüft werden müssen.

Die Hinweise in diesem Buch bezüglich Einsteuerung und Liegen vor Anker sollte der Skipper sorgfältig studieren. Einige Plätze sind nur bei absolut gutem Wetter und wenn keine Wolke vor der Sonne steht, ansteuerbar. Besonders Charteryachten haben oft zu wenig Grundgeschirr; dann muß der Skipper aufgrund seiner Erfahrung entscheiden, welcher Ankerplatz letztendlich das geringste Risiko birgt.

Was Pläne und Skizzen betrifft, erhebt dieses Buch keinen Anspruch auf Vollständigkeit. Es soll lediglich eine ergänzende Information zu den amtlichen Unterlagen sein.

Hochheim, im August 1992
Bernhard Bartholmes

# Einführung

## Geographische Gliederung

Die *Kleinen Antillen* (Lesser Antilles), eine Vielzahl kleiner und kleinster Inseln, die sich wie Edelsteine an einer Schnur von Puerto Rico im Westen etwa 600 sm kreisbogenförmig bis Venezuela im Süden aus dem prächtigen Blau des Meeres erheben, bilden die Grenze zwischen dem Atlantik und der Karibischen See.
Im englischen Sprachgebrauch werden die Kleinen Antillen in zwei Inselketten gegliedert: die Leeward Islands im Norden von Anguilla bis Dominica und die Windward Islands im Süden von Martinique bis Grenada. Nach der Lage zum Ostpassat erhielten sie von den Holländern – wie bei uns – die Bezeichnung *Inseln über dem Wind*.
Der Vollständigkeit halber sei erwähnt, daß die *Inseln unter dem Wind* der südamerikanischen Festlandsküste vorgelagert sind, von Santa Margarita im Osten bis zu den „ABC-Inseln" Aruba, Bon Aire und Curaçao im Westen.
Der revierbeschreibende Teil dieses Buches umfaßt die Leeward-Inseln von Anguilla bis Dominica; gebietsübergreifend werden Wetter und Reiserouten detailliert beschrieben.

## Bodengestalt und Naturverhältnisse

Die Inseln über dem Wind liegen auf einem inneren Bogen vulkanischen Ursprungs und einem äußeren unterseeischen Vulkansockel mit einer aufliegenden Kalkmütze. Zu dem äußeren Bogen im Norden zählen die hügeligen Inseln St. Martin (St. Maarten), Barbuda und die flache Insel Anguilla, deren geologischer Aufbau völlig anders ist.
Die Insellandschaften sind von seltener Schönheit. Die Küsten sind oft stark zerklüftet und werden von riesigen, noch lebenden Korallenbänken umsäumt. Die einsamen schneeweißen Strände mit kleinen, bis ans Wasser reichenden Palmenhainen hinterlassen im intensiven Farbkontrast zu Meer und Himmel bleibende Eindrücke.
Auf den Vulkaninseln nimmt die Vegetation je nach Höhenlage infolge der größeren Regenmenge zu – bis hin zum dichten Regenwald mit Baumfarnen, Palmen, Mahagonibäumen und Pfeffergewächsen, der Flora der feuchten Tropen. In der artenreichen Vogelwelt sieht man noch den Rotschwanzbussard, die Karibische Spottdrossel und den Maskenfink neben anderen farbenprächtigen Flugkünstlern.
Auf den flachen Kalkinseln, wie Anguilla, hat die natürliche Vegetation eher Savannencharakter und besteht vorwiegend aus niedrigen, teils dornigen Pflanzen und Kakteen. Eine Ausnahme bildet der Dividivi-Baum mit seiner vom Passatwind geformten Krone. An einigen Buchten wachsen auf salzigen, meist lehmigen Böden Mangrovenwäldchen.

## Politische Struktur

Die Kleinen Antillen sind nach meinem Verständnis das politisch am stärksten zergliederte Gebiet der Erde. Hinzu kommt, daß der Grad der Selbstverwaltung einzelner noch abhängiger Inselstaaten völlig unterschiedlich ist.
Dieser Umstand hat natürlich auch für die Sportschiffahrt viele Nachteile. Er bedingt er-

heblichen Kosten- und Zeitaufwand für das Aus- und Einklarieren auf fast jeder Insel, auf St. Martin/St. Maarten gleich zweimal. Vielerorts gibt es auch keine konsularische Vertretung für Bürger der Bundesrepublik Deutschland (siehe Anhang). Die für Europäer etwas verwirrenden politischen Verhältnisse lassen sich am besten durchschauen, wenn man die Leeward-Inseln in fünf Gruppen gliedert:

1. Ein wirklich selbständiger Staat ist nur die Republik *Dominica*; sie gehört zum Commonwealth.

2. Unter starkem britischem Einfluß stehen in den Leewards drei Staaten: *Anguilla, Antigua und Barbuda, Saint Christopher (St. Kitts) und Nevis*. Diese ehemals britischen Kolonien wurden in den sechziger Jahren zunächst mit Großbritannien „assoziierte" Staaten. Sie waren damals in der Gruppe der West Indies Associate States (WIAS) zusammengeschlossen. Antigua und Barbuda wurden 1981, Saint Christopher und Nevis 1983 unabhängig. Sie gehören mit anderen Staaten einer Nachfolgeorganisation der WIAS an: der Organization of Eastern Caribbean States (OECS), die auch die Sicherheitsinteressen der Kleinstaaten (sieben Mitglieder) wahrnimmt und Beschlüsse zur Außen- und Verteidigungspolitik fassen kann.

Anguilla ist als „seperate British dependency" noch am engsten mit der früheren Kolonialmacht verbunden; es ist kein UNO-Mitglied wie die beiden anderen Staaten, und gehört nicht wie sie der OECS und dem Commonwealth an. Im Inneren sind die drei Länder autonom. Sie verfügen über eigene Parlamente und Regierungen. Staatsoberhaupt ist die britische Königin. Die Krone wird von einem einheimischen Gouverneur vertreten, in Anguilla durch einen Kommissar, der auch für die Außenpolitik zuständig ist.

3. *Montserrat* ist eine britische Kronkolonie, ähnlich Hongkong oder Gibraltar.

4. *Martinique* und *Guadeloupe* sind französische Übersee-Départements. Sie gelten als Teil des Mutterlandes, was für sie Vorteile hat: Sie haben z.B. günstige Inlandsflugtarife nach Frankreich und gehören unmittelbar zur Europäischen Gemeinschaft, während andere karibische Staaten nur über das Lomé-Abkommen mit der EG verbunden sind. Zum Département Guadeloupe gehören u.a. auch *St. Barthélemy, Marie Galante*, die *Îles des Saintes* und *St. Martin*, das mit dem niederländischen St. Maarten eine Insel bildet.

5. *St. Maarten, St. Eustatius* und *Saba* sind Teil der „Union der Niederländischen Antillen und Aruba". Das Gebiet gehört zu den Niederlanden, hat aber den Sonderstatus der inneren Autonomie. Staatsoberhaupt ist die niederländische Krone; sie wird durch einen Gouverneur vertreten. Das Parlament wird frei gewählt. Die Regierung besteht aus dem Gouverneur, einem ihm zugeordneten Beratergremium und dem Ministerrat. Die Niederlande sind zuständig für Außenpolitik und Verteidigung.

# Land und Leute

Die meisten Inselstaaten sind bettelarm und verfügen nicht über natürliche Ressourcen. Die Ausbeutung durch die Kolonialmächte und die Lethargie danach, verbunden mit Mißwirtschaft und Naturkatastrophen, haben teilweise zu wirtschaftlichen und sozialen Problemen geführt.

Ökonomisch motiviert, wanderten viele junge Menschen nach Amerika oder ins Mutterland Frankreich aus oder verdingten sich als billige Arbeitskräfte an die Ölfabriken in Curaçao.

Besonders im südlichen Bereich der Kleinen Antillen hat sich wegen der großen kulturellen und wirtschaftlichen Gegensätze Zündstoff an-

gesammelt, der für uns vordergründig nicht sichtbar ist, aber zum Teil durch die Aggressivität der Inselbewohner zutage tritt.
Regierungen haben erkannt, daß auch hier sozialer Frieden eng mit wirtschaftlichem Wohlstand verknüpft ist, und dazu tragen Tourismus und die Sportschiffahrt bei. Beide Formen im Sammelbegriff Dienstleistung sind ein enormer Wirtschaftszweig, der zusätzlich die begehrten Devisen ins Land bringt.

# Geschichte

Wenn man amerikanischen Archäologen und Wissenschaftlern Glauben schenkt, hat die Besiedelung der Kleinen Antillen durch die Ciboneys vom heutigen Venezuela aus etwa 3500 Jahre vor Christus stattgefunden. Im ersten nachchristlichen Jahrhundert folgten auf der gleichen Route die Arawak-Indianer, ein friedlicher Volksstamm, der von Gemüseanbau, Jagd und Fischerei lebte.
Im 14. und 15. Jahrhundert kamen mit großen hochseetüchtigen Kanus die Kariben aus Südamerika, ein kämpferischer Stamm, der die Arawak-Indianer vertrieb.
Im Zuge der Eroberung und Kolonialisierung wurden beide Volksstämme, die friedliebenden Arawaks und die kämpferischen Kariben, von den Europäern fast völlig ausgerottet.
Nur noch etwa 400 Nachkommen der Kariben leben heute mehr schlecht als recht auf Dominica. Ihre Identität haben sie weitgehend verloren; sie sprechen Kreolenfranzösisch.

**Christoph Kolumbus**

Christoph Kolumbus, wer war dieser geniale Seefahrer, und was hatte ihn zu dem größten Abenteuer in der Geschichte der Neuzeit motiviert?
Das Persönlichkeitsbild dieses 1451 geborenen Entdeckers bleibt widersprüchlich, manche Daten und Taten seines Lebens sind umstritten.
In zeitgenössischen Schriften taucht sein Name auch als Cristoforo Colombo (italienisch), Cristobal Colon (spanisch) und Colom (katalanisch) auf. Kolumbus (früher Columbus) ist die latinisierte Schreibweise im deutschen Sprachraum.
Die Geschichtsschreiber konstruierten eine Abstammung aus einer genuesischen Familie von Webern. Eine Akte im Nationalarchiv von Madrid aus dem Jahre 1594 besagt, daß in Genua keine Familie mit dem Namen Colombo, Colón oder Colóm ansässig gewesen sei. Obwohl Genueser, sprach Kolumbus nie italienisch. Seine Umgangssprache war das Katalanische; der einzige italienische Text aus seiner Feder – eine Übersetzung als Randbemerkung zur Historia Naturalis des Plinius – enthält zudem noch portugiesische und spanische Wörter.
Heute gibt es Anhaltspunkte dafür, daß Christoph Kolumbus ein Sohn der Baleareninsel Mallorca gewesen sein könnte. Der katalanische Historiker R. Llanas de Niubó fand 1964 einen Text, den Fürst Giovan de Borromei 1494 in Bergamo geschrieben hatte. Darin offenbart Fürst Borromei der Nachwelt ein Geheimnis, das ihm der Schatzmeister der katholischen Könige Spaniens anvertraut hatte: Christoph Kolumbus stamme gar nicht aus Ligurien, sondern sei in Wahrheit Giovan Colón aus Mallorca, der dem spanischen Königshaus aus politischen und religiösen Gründen seine wahre Herkunft verschwiegen habe, um die Finanzierung seiner Expedition nicht zu gefährden.
Zu dieser Hypothese gehört auch, daß Kolumbus Mallorquiner jüdischer Abstammung gewesen sei. Simon Wiesenthal hat in seinem Buch „Segel der Hoffnung" (Berlin 1991) schlüssig

nachgewiesen, daß Kolumbus jüdischen Glaubens war und einer Familie von Maranen angehörte, zwangsgetauften spanischen Juden.

Um so verständlicher wird jetzt auch, warum bereits auf seiner ersten Westindienexpedition ein hebräischer Übersetzer (Luis de Torres) der Crew angehörte, der möglicherweise nichts anderes als ein Rabbiner war.

Die Einwohner von Felanitx auf Mallorca und mit ihnen der Historiker Juan Cerdá jedenfalls sind davon überzeugt, daß ihre Casa Rossa am Fuß des Klosterberges San Salvador das Geburtshaus des Entdeckers von Amerika ist.

Kolumbus hoffte bekanntlich, auf seinen Expeditionen den westlichen Seeweg nach Indien zu finden. Während seines mehrjährigen Aufenthaltes in Lissabon arbeitete Kolumbus scharfsinnig die einzelnen Stationen seines Vorhabens aus. Er studierte die Berichte des Venezianers Marco Polo über die Länder Asiens, und durch seinen jüngeren Bruder Bartolomé, den er hier wiedertraf, bekam er Verbindung zu berühmten Kosmographen, die an der Seefahrtsschule von Sagres tätig waren. Hier eignete sich Kolumbus den letzten Wissensstand über die Astronavigation unter Zuhilfenahme des Jakobsstabes und des Astrolabiums an.

Exakte Seekarten wurden von den seefahrenden Nationen zu jener Zeit so streng gehütet wie Konstruktionspläne von Raketen heute. Die berühmte Weltkarte von Toscanelli dürfte Kolumbus deshalb hier das erste Mal zu Gesicht bekommen und nachgezeichnet haben. Diese Weltkarte, auf der Antilla als Insel im Atlantik erscheint, dürfte bei Kolumbus' Entscheidungen eine große Rolle gespielt haben.

Die erste Reise begann am Freitag, dem 3. August 1492, in Palos unter der Flagge Kastiliens. Als Generalkapitän befehligte Christoph Kolumbus die Flotte mit dem Flaggschiff „Santa Maria" und den kleineren Schiffen „Niña" und „Pinta" vom Typ Karavelle, also Schiffen, die primär für küstennahe Seefahrt konstruiert waren.

Bereits am ersten Tag brach das Ruder der „Pinta". Und am 10. September – die Flotte lag in der Flaute südwestlich der Kanarischen Inseln –, als Kolumbus die schon demoralisierte Mannschaft an Deck antreten ließ und erstmalig bekanntgab, daß das erste Ziel der Reise 700 Meilen weiter im Westen liege, schlugen die Gefühle der Matrosen von bedrückter Ungewißheit in nackte Angst um.

Am 23. September wurde die Lage für Kolumbus bedrohlich, denn es war das Gerücht im Umlauf, hier wehe der Wind immer von Ost nach West und deshalb sei eine Rückkehr nicht möglich; zudem wurden die Vorräte knapp. An den Tagen danach kam es fast zur offenen Meuterei.

Die Stimmung besserte sich erst, als am 11. Oktober die Flotte in Landnähe kam. Voraus standen hohe Wolkentürme, im Wasser wurden frische Pflanzen gefunden und ein Dornenzweig, an dem noch Beeren hingen.

**Die Entdeckung**

Am Freitag, dem 12. Oktober 1492, um 2 Uhr früh, wurde auf der „Pinta" ein Kanonenschuß abgefeuert. Der Matrose Rodrigo im Mastkorb hatte Land entdeckt.

Am frühen Morgen des gleichen Tages betrat Kolumbus den Boden der neuen Welt auf einer Insel mit der indianischen Bezeichnung Guanahani und entfaltete das Banner Kastiliens.

Kolumbus blieb nur zwei Tage auf Guanahani, dem Erlöser zu Ehren taufte er die Insel San Salvador (Bahamas).

Danach kreuzte die Flotte zwischen den Inseln der heutigen Bahama-Gruppe und versuchte dort, den Seeweg nach Indien zu finden.

Am 29. Oktober fielen die Anker vor der Nordküste von Kuba. Die zwei Indianer, die man von

Guanahani als Dolmetscher mitgenommen hatte, hatten Fortschritte gemacht; sie konnten jetzt das Salve Regina und das Ave Maria auswendig und wußten auch schon, daß man sich nach dem Gebet bekreuzigt.

Ein Spähtrupp, bestehend aus dem Borddolmetscher Luis de Torres, dem Matrosen Rodrigo und den zwei Indianern, sollte Cubagna (Kuba) erforschen. Am 6. November kehrte er an Bord zurück, der Bericht war enttäuschend: kein Gold, kein König, kein asiatischer Potentat – nur Eingeborene, die aus dem Mund Qualmwolken ausstießen, weil sie „tabaco" rauchten.

Auf östlichen Kursen tauchte am 6. Dezember am Horizont eine gebirgige Insel auf, und Kolumbus gab ihr den Namen La Hispaniola. Hier gab es auch endlich das ersehnte Gold, und mit dem Häuptling Guacanagari wurde man schnell handelseinig.

Kolumbus hatte die Texte aus dem Buch des Marco Polo, in denen die Reichtümer des Großkhans im fernen Osten, die silbernen Berge und die goldenen Flüsse von *Cipango* beschrieben waren, noch gut in Erinnerung, und als der Häuptling verlauten ließ, daß es in *Cibao* – einem anderen Teil der Insel – noch mehr Gold gebe, wurde Kolumbus in seiner Überzeugung bestärkt, den westlichen Seeweg nach Indien gefunden zu haben.

Es galt jetzt, dieses Gold in den Säckel der spanischen Krone zu bringen. Auf dem Weg nach Cibao kreuzte man am 25. Dezember 1492 bei leichten Winden vor der Nordküste von Hispaniola, ein falsches Manöver, und das Flaggschiff „Santa Maria" saß auf einem vorgelagerten Riff und zerbrach kurze Zeit später in zwei Teile.

Kanonen, Werkzeuge und die Schiffsausrüstung wurden an Land geschafft, und aus der Not heraus wurde als erste europäische Siedlung in der Neuen Welt „La Navidad" (Weihnachten) gegründet. Die „Pinta" unter dem Kommando von Alonzo Pinzón hatte sich zu diesem Zeitpunkt bereits selbständig gemacht und operierte außerhalb der Befehlsgewalt von Kolumbus auf der Suche nach Gold. Am 16. Januar 1493 lichtete Kolumbus den Anker der nur 17 Meter langen „Niña", Kurs Europa. Für den Ausbau von Navidad blieben 39 Mann zurück.

Die Rückreise war navigatorisch weitaus schwieriger.

Um günstige Winde zu finden, segelte die „Niña" nordwärts bis zur Breite von Bermuda, und dann weiter über Lissabon zurück nach Spanien. Am 16. März 1493 lief die „Niña" unter dem Jubel der Bevölkerung in den Hafen von Palos ein.

Den Höhepunkt seiner politischen Laufbahn erreichte Kolumbus am 16. April 1493, als er im Rahmen eines feierlichen Festaktes im großen Saal des Alcazar von der Königin zum Admiral des Ozeans und Vizekönig der in „Indien" entdeckten Eilande erhoben wurde. Das ihm verliehene Wappen zeigt in den Feldern oben die goldene Burg von Kastilien und den Löwen von Leon, in den unteren Feldern aus dem Meer aufragende Inseln und fünf goldene Anker, das Zeichen der Admiralswürde.

Jetzt galt es, die Besitzansprüche der neuentdeckten Gebiete für die Zukunft vertraglich zu sichern. Die Interessen und Zielsetzungen der spanischen Krone und des Papstes waren besonders zu jener Zeit eng miteinander verknüpft, und so wurde 1493 die Neue Welt von Papst Alexander VI. durch einen Schiedsspruch in eine westliche (spanische) und eine östliche (portugiesische) Interessensphäre geteilt. Die gedachte Demarkationslinie sollte 100 sm westlich der letzten Azoreninsel von Pol zu Pol verlaufen. Auf portugiesischen Protest wurde die Linie 1494 durch den Vertrag von Tordesillas verschoben. Sie lag jetzt 360 sm westlich der letzten Azoreninsel, wodurch das noch unentdeckte Brasilien später an Portugal fiel.

## Einführung

**Die zweite Expedition**

Kolumbus bereitet inzwischen seine zweite Expedition vor. Nachdem die finanziellen Mittel bereitgestellt waren, wurde die Flotte aus 14 Karavellen und drei Galeonen zusammengestellt.

Die Galeone war mit Sicherheit das fortschrittlichste Hochseeschiff ihrer Zeit. Durch ihre Doppelfunktion als Schwertransporter und Kriegsschiff für defensive Kampfführung war sie bestens geeignet, ihre Fracht sicher über den Atlantik zu bringen und diese auf hoher See notfalls zu verteidigen.

Die auffälligsten Merkmale der Galeone waren ein relativ schlankes Unterwasserschiff und ein breiter Schiffsrumpf im Bereich der Wasserlinie, der sich nach oben stark verjüngt. Diese Konstruktion brachte vor allem den Vorteil, daß das Gewicht der 40 bis 60 Kanonen auf dem Gun- und Hauptdeck sich näher zur Mittschiffslinie konzentrierte, was die Stabilität wesentlich erhöhte.

Bei günstigen Kursen vor dem Wind blähten sich am Fock- und am Hauptmast große Rahsegel, der Kreuz- und der Besanmast führten Lateinersegel, und bei voller Besegelung mit neun Segeln wurden Geschwindigkeiten von acht bis neun Knoten erreicht. Konstruktionsbedingt war die Galeone für die damalige Zeit außerordentlich manövrierfähig und seetüchtig. Mit einem Verhältnis der Länge zur Breite von 3,5 : 1 war sie schlanker als ihre Vorgänger bei weniger Tiefgang.

Durch ihr modernes Rigg und die neue Bugkonstruktion mit einem niedrigeren und weiter zurück versetzten Bugkastell konnte sie bis zu sechs Strich, also 67,5° am Wind segeln, ein enormer Vorteil gegenüber den älteren Schiffstypen, besonders bei der Küstennavigation und auf Fluchtkursen.

Am 25. September 1493 gingen in Cádiz 1450 Mann, Seeleute, Priester, Kaufleute, Goldsucher und Kartographen an Bord der 17 Schiffe, nur von dem einen Gedanken beseelt, das Gold, das am Ende des Horizonts lag, bald in Kisten und Kästen zu füllen. Am Kai jubelte die Menschenmenge den auslaufenden Schiffen zu, unter ihnen ein dreizehnjähriger Junge, dem Kolumbus die Mitreise verweigert hatte, der aber im späteren Leben dessen Kurslinie als Francisco Pizarro wieder kreuzte.

Auf Gomera wurden Wasser, frische Lebensmittel, Schafe, Ziegen und Schweine an Bord genommen, und bei idealen Windverhältnissen rauschte die Flotte in einer Rekordzeit über den Atlantik. Diego A. Chanca schrieb in seinem Tagebuch, nach 21 Tagen habe sich eine bewaldete Insel aus dem Meer erhoben. Es war Sonntag, der 3. November 1493, und Kolumbus gab der Insel den Namen Dominica.

Vergebens suchte man einen geeigneten Ankerplatz, erst auf der Leeseite der nächsten Insel fielen die Anker; Kolumbus nannte sie Marie Galante. Die Insel war nach dem ersten Anschein unbewohnt und deshalb für die Eroberer bedeutungslos. Am 4. November fielen die Anker an der Westküste einer großen Insel. Zu dieser Zeit trug sie in der Sprache ihrer Bewohner noch den Namen *Karukera*, was soviel bedeutete wie „Insel der schönen Wasser". Aber Kolumbus meinte, eine so schöne, reiche Insel brauche den Namen einer „richtigen" Heiligen, und er nannte sie um in „Santa Maria de Guadelupe de Estremadura", nach dem gleichnamigen Kloster in Spanien.

Als die Menschen dort die bärtigen Männer erblickten, liefen sie erschreckt in das dichte Unterholz. Eiskalt traf es die Eindringlinge, als man in verlassenen Hütten menschliche Skelette und Schädel identifizierte.

Rückzug auf die Schiffe war angesagt: der Schock mußte verdaut werden. Diego Marque, der Kapitän einer Karavelle und acht Mann sei-

## Einführung

ner Besatzung wurden vermißt, man ahnte Schlimmes. Am nächsten Morgen wurde zur Orientierung ein Kanonenschuß abgefeuert. Gegen Mittag wurden drei Suchtrupps zusammengestellt, um die Verschollenen zu suchen. Zwei Trupps stießen auf Lagerstellen der Inselbewohner; an den noch brennenden Feuern rösteten Papageien und menschliche Gliedmaße. Dem dritten Trupp gelang es, drei Frauen zu fangen und zu den Schiffen zu bringen.

Der kampferprobte Alonzo Ojeda erhielt jetzt von Kolumbus den Befehl, mit 40 bewaffneten Männern in das Innere der Insel vorzudringen; nach zwei Tagen wurde die Suche jedoch abgebrochen, und Kolumbus gab Befehl zum Ankerlichten. Im letzten Augenblick, ein Teil der Schiffe hatte schon abgelegt, tauchte Marque mit seinen Mannen erschöpft am Ufer auf.

Auf nördlichen Kursen tauchte eine Insel nach der anderen aus dem blauen Meer auf; Kolumbus nannte sie Montserrat, Santa Maria la Antigua und San Martin. Nur zur Wasseraufnahme ging man mit Beibooten an Land, der Schreck saß tief, man hatte die materiellen Ziele vorerst zurückgestellt. Möglicherweise dachte Kolumbus jetzt verstärkt an das Häuflein Zurückgebliebener in La Navidad. Sein ausgeprägter Sinn für Gefahren trieb ihn zur Eile an.

Das Ankern zur Trinkwasseraufnahme wurde immer gefährlicher, und manchmal mußte die Fahrt mit leeren Fässern fortgesetzt werden. Die Kariben griffen von ihren schnellen Kanus aus die Schiffe und deren Beiboote mit Pfeil und Bogen an, und es gab Verluste auf beiden Seiten.

Am 13. November war das Trinkwasser abermals knapp. An der Nordküste einer langgestreckten Insel fielen bei ruhigem Wetter die Anker vor dem Riff. Kolumbus erklärte die Insel zum spanischen Besitz und gab ihr den Namen Santa Cruz (heute: St. Croix). Kaum hatten die Beiboote die Riffdurchfahrt (heute: Salt River Bay) gefunden, jagten ganze Pfeilbündel auf die Eindringlinge zu. Ohne den neuen Boden der spanischen Krone betreten zu haben, zog man sich auf die Schiffe zurück und setzte die Fahrt nach Norden fort. Im Bordbuch nannte Kolumbus den Ort der feindseligen Begegnung Cabo de las Flechas, das Kap der Pfeile.

Am nördlichen Horizont wurde jetzt eine ganze Inselkette sichtbar, und wegen ihrer Schönheit und Reinheit erhielt sie den Namen Ursulinen (heute: Virgin Islands) in Erinnerung an die elftausend Jungfrauen.

Am 19. November tauchte dann vor dem Bug der „Capitana" eine bewaldete Insel auf. An deren Südwestende ging die Flotte vor Anker, und Kolumbus benannte sie nach Johannes dem Täufer San Juan Baubista Chanca und schrieb in seinem Tagebuch, daß es dort alles in Hülle und Fülle gebe, alles außer Gold. Man war fasziniert von den „Eidechsen", so groß wie Kälber (Krokodile), und den Bäumen, die feine Wolle trugen.

Doch der Landgang hatte auch böse Folgen: Fast lautlos schwirrte plötzlich ein Pfeil aus dem Unterholz und traf einen Benediktinermönch am Hals. Man beklagte den ersten Toten und legte ihn in ein feuchtes Grab im Urwald. Rein zufällig stand kurze Zeit später ein Erkundungstrupp vor dem geöffneten Grab, und man fand heraus, daß die Indianer den ehrwürdigen Pater verspeist hatten. Alonzo de Ojeda schwor Rache in Form von „Indianerbraten".

Die Zeit drängte, nach zwei Tagen erreichte die Flotte die Osthuk von Hispaniola. Die Ungewißheit über das Schicksal der Siedler in La Navidad wurde für Kolumbus fast unerträglich, und hier wechselte er über zur „Santa Barbara", dem schnellsten Schiff der Flotte auf raumem Kurs. Nach weiteren drei Tagen, kurz vor Sonnenuntergang fiel der Anker der „Santa Barbara" in der Bucht vor La Navidad. Keine Begrüßung, auch nach dem Kanonenschuß lag die Bucht schwarz und gespenstisch vor ihnen. Am darauffolgenden Morgen ging Kolumbus an Land; seine schlimmsten Befürchtungen hatten sich bewahrheitet. Die Siedlung war verwüstet, Streit und Mord untereinander hatten das Häuflein dezimiert, in der Umgebung wurden elf tote Männer gefunden, die erst vor kurzem auf grausame Weise von den Indianern umgebracht worden waren.

Ein trauriges Kapitel der Geschichte hatte begonnen. Mit Sicherheit hatte Kolumbus bis zu diesem Zeitpunkt versucht, seine materiellen Ziele ohne kämpferische Auseinandersetzungen mit den karibischen Ureinwohnern zu erreichen. Das änderte sich nun.

Während Kolumbus mit einem Teil der Flotte die Entdeckungsreise nach Kuba und Jamaica fortsetzte, kam es zwischen den Zurückgebliebenen und den Indianern zu erbitterten Kämpfen. Der Dominikanermönch Las Casas schilderte in seinen erschütternden Berichten die Untaten der Konquistadoren; aber sein Plädoyer für die Ureinwohner kam zu spät: sie waren fast ausgerottet. Nun begann das Sklavenzeitalter.

# Klima und Windverhältnisse

Die karibischen Inseln liegen im Passatgürtel des Nordatlantiks. Das Klima ist tropisch-warm und feucht-schwül. Die Tagestemperaturen sind das ganze Jahr hindurch ziemlich konstant und betragen im Jahresmittel 26,7° Celsius. Nachts kühlt es merklich ab.

Die Temperatur des Oberflächenwassers ist geringfügig niedriger als die Lufttemperatur. In den Monaten Juli und August sind Luft und Wasser gleich warm.

Sowohl geographisch als auch klimatisch gehören die Leeward-Inseln zum tropischen Bereich. Geographisch lassen sich die Tropen durch die beiden Wendekreise definieren. Die klimatische Definition geht davon aus, daß die 18°-Isotherme (Palmengrenze) nicht unterschritten werden darf; die Jahresdurchschnittstemperatur muß über 22° C liegen. Charakteristisch sind die hohen Jahresmitteltemperaturen, also keine thermischen Jahreszeiten, dafür aber große Tagesschwankungen der Temperatur; daher spricht man vom einem *Tageszeitenklima*.

Die genannten Werte gelten für Orte auf Meeresniveau; die höhenbedingte Temperaturabnahme werden wir besonders auf der Luvseite der Gebirgsketten feststellen. Obwohl die karibischen Inseln von den thermischen Jahreszeiten nicht beeinflußt werden, kommt es durch den Sonnenstand zu einer niederschlagsarmen und einer niederschlagsreichen Jahreszeit.

Die Sonne steht auch im karibischen Raum im Juni und im Juli am höchsten, dann beginnt die Zeit der stärksten Erwärmung, und die äquatoriale Tiefdruckrinne verlagert sich nach Norden. Die mit Feuchtigkeit gesättigte Luft gewinnt bei zunehmender Erwärmung an Auftrieb, und zurück bleibt eine Zone niedrigen Drucks. Beim Aufstieg der Luft, besonders im Luvküstenbereich der Inselgebirge, kommt es dann zu heftigen Regenschauern (Zenitalregen) mit einer Niederschlagsmenge von bis zu 180 mm in 24 Stunden. Auf der passatabgekehrten Leeseite findet man aufgrund des trockenen Klimas auch eine völlig andere Vegetation vor. Auf flachen Inseln wie z.B. Anguilla tritt diese klimatische Differenzierung nicht in Erscheinung. Ab November verlagert sich der subtropische Hochdruckgürtel wieder südwärts, und es herrscht auf den karibischen Inseln dann wieder trockenes, kräftig ausgebildetes Passatwetter vor.

## Klima und Windverhältnisse

**Tägliche Luftdruckänderung in hPa zwischen 10 °N und 20 °N (Meereshöhe)**

| Ortszeit | 24 00 | 01 00 | 02 00 | 03 00 | 04 00 | 05 00 | 06 00 | 07 00 |
|---|---|---|---|---|---|---|---|---|
| Korrektur | −0,5 | −0,1 | +0,3 | +0,7 | +0,8 | +0,7 | +0,3 | −0,2 |
| Ortszeit | 08 00 | 09 00 | 10 00 | 11 00 | 12 00 | 13 00 | 14 00 | 15 00 |
| Korrektur | −0,7 | −1,1 | −1,2 | −1,1 | −0,7 | −0,1 | +0,5 | +0,9 |
| Ortszeit | 16 00 | 17 00 | 18 00 | 19 00 | 20 00 | 21 00 | 22 00 | 23 00 |
| Korrektur | +1,2 | +1,2 | +0,9 | +0,4 | −0,1 | −0,5 | −0,8 | −0,8 |

**Zusammenfassung klimatischer Daten für die Inseln**
Saba, St. Eustatius, St. Maarten, St. Kitts, Nevis

| | ⌀ Windrichtung | ⌀ Windgeschwindigkeit | ⌀ Lufttemperatur | | ⌀ max. Lufttemperatur | | Relative Luftfeuchtigkeit | ⌀ Niederschlagsmenge | Anzahl der Regentage | ⌀ Luftdruck | ⌀ Seewassertemperatur | |
|---|---|---|---|---|---|---|---|---|---|---|---|---|
| Monat | Grad | Knoten | °C | °F | °C | °F | % | Inches | 1 cm u. mehr | hPa | °C | °F |
| Januar | 080 | 10.9 | 25.0 | 77.0 | 28.1 | 82.6 | 75.6 | 2.6 | 1.1 | 1016 | 25.2 | 77.4 |
| Februar | 090 | 10.9 | 25.1 | 77.2 | 28.4 | 83.1 | 75.2 | 1.8 | 1.0 | 1016 | 24.7 | 76.5 |
| März | 095 | 11.0 | 25.4 | 77.7 | 28.8 | 83.8 | 74.3 | 1.6 | 0.9 | 1016 | 24.9 | 76.8 |
| April | 097 | 11.1 | 26.1 | 79.0 | 29.2 | 84.6 | 75.9 | 2.4 | 1.3 | 1015 | 25.1 | 77.2 |
| Mai | 100 | 10.9 | 27.0 | 80.6 | 30.1 | 86.2 | 75.2 | 3.9 | 1.9 | 1015 | 26.2 | 79.2 |
| Juni | 102 | 11.2 | 28.0 | 82.4 | 30.3 | 86.5 | 75.8 | 3.0 | 1.5 | 1016 | 26.9 | 80.4 |
| Juli | 088 | 10.8 | 28.0 | 82.4 | 31.3 | 88.3 | 76.0 | 3.2 | 1.8 | 1016 | 27.2 | 81.0 |
| August | 093 | 11.2 | 28.1 | 82.6 | 31.1 | 87.8 | 76.8 | 4.2 | 2.5 | 1015 | 27.5 | 81.5 |
| September | 094 | 9.9 | 28.0 | 82.4 | 30.9 | 87.6 | 77.9 | 5.4 | 2.8 | 1014 | 27.9 | 82.2 |
| Oktober | 099 | 9.7 | 27.6 | 81.7 | 30.4 | 86.7 | 78.6 | 4.9 | 2.8 | 1012 | 27.6 | 81.7 |
| November | 078 | 9.8 | 26.8 | 80.2 | 29.5 | 85.1 | 79.4 | 5.4 | 3.4 | 1013 | 27.3 | 81.7 |
| Dezember | 062 | 10.7 | 25.7 | 78.3 | 28.5 | 83.3 | 77.0 | 3.3 | 1.8 | 1015 | 26.1 | 79.0 |
| ⌀ | 092 | 10.7 | 26.7 | 80.1 | 29.7 | 85.5 | 76.5 | 3.5 | 1.9 | 1015 | 26.4 | 79.5 |

(Quelle: Met Büro Flughafen St. Maarten)

# Regen

Die größte Regenhäufigkeit auf offener See trifft man in den Monaten Juni bis November an, aber auch in den regenärmsten Monaten Februar bis April ist ein kräftiger Schauer keine Seltenheit. Auf den Inseln selbst sind Niederschlagshäufigkeit und -menge größer, besonders im Luvküstenbereich gebirgiger Inseln. Dies wird an der Nordküste Dominicas sehr deutlich.

## Klima- und Windverhältnisse

**San Juan**

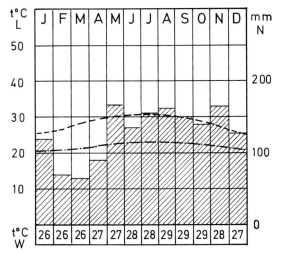

**Frankfurt**

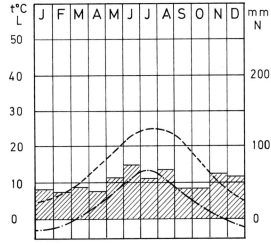

▨ Monatliche Niederschlagsmenge in mm

|27| Ø Wassertemperatur in Grad C

----- Ø Tageshöchsttemperatur in Grad C

-·-·- Ø Tagestiefsttemperatur in Grad C

**Fort de France**

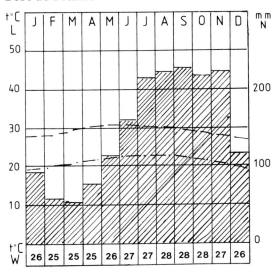

## Der Passat

Neben den äquatorialen Tiefdruckgebieten wird das Wetter auf den Antillen bestimmt von den nordatlantischen Subtropenhochs (Roßbreitenhochs) und den fast immer beständigen Passatwinden.

Die dominierenden Winde von Dezember bis April kommen aus NE-ENE mit einer Stärke von 15 bis 20 Knoten. In den Monaten Dezember bis Januar dreht der Wind zeitweise auf N-NNW und nimmt an Stärke zu, in Böen bis zu 35 Knoten. Die Einheimischen sprechen von den „Christmas Winds", die sich meist durch starken Druckabfall ankündigen.

Ab Mai dreht der Passat weiter nach E, und bis Juli kommt er dann aus SE mit 10 bis 15 Knoten. Von August bis Oktober weht der Passat schwach und stetig aus E-SE.

Im englischen Sprachgebrauch werden diese

## Klima und Windverhältnisse

**Durchschnittliche Windgeschwindigkeiten am Boden in Knoten**

| Monat | Puerto Rico (San Juan) | St. Croix (Flughafen) | St. Thomas (Flughafen) | Virgin Islands Yachten auf See | St. Maarten (Flughafen) | St. Barths | Antigua | Leeward Islands Yachten auf See | Martinique |
|---|---|---|---|---|---|---|---|---|---|
| Januar | 10.5 | 12.7 | 7.9 | 13.0 | 10.9 | 8.8 | 11.0 | 13.0 | 14 |
| Februar | 10.0 | 12.2 | 7.9 | 11.7 | 10.9 | 8.3 | 8.0 | 12.4 | 15 |
| März | 10.5 | 12.6 | 7.5 | 12.0 | 11.0 | 8.2 | 8.5 | 11.8 | 14 |
| April | 10.5 | 12.3 | 8.3 | 11.3 | 11.1 | 8.2 | 9.0 | 11.4 | 15 |
| Mai | 10.5 | 12.0 | 8.3 | 11.3 | 10.9 | 7.7 | 9.0 | 11.4 | 14 |
| Juni | 11.5 | 13.0 | 9.2 | 12.6 | 11.2 | 8.7 | 10.5 | 12.9 | 17 |
| Juli | 12.0 | 13.0 | 10.4 | 13.7 | 10.8 | 9.7 | 9.5 | 14.5 | 14 |
| August | 11.0 | 12.1 | 9.2 | 12.4 | 11.2 | 8.3 | 8.5 | 12.5 | 10 |
| September | 9.0 | 11.0 | 7.0 | 10.7 | 9.9 | 7.3 | 6.0 | 10.9 | 10 |
| Oktober | 8.0 | 9.4 | 6.8 | 9.7 | 9.7 | 7.2 | 6.5 | 10.3 | 12 |
| November | 8.5 | 9.4 | 7.3 | 10.2 | 9.8 | 6.3 | 7.0 | 10.5 | 14 |
| Dezember | 9.5 | 11.4 | 8.3 | 12.3 | 10.7 | 8.6 | 8.5 | 12.3 | 15 |
| ∅ | 10.1 | 11.7 | 8.2 | 11.8 | 10.7 | 8.1 | 8.5 | 12.0 | 14 |

Quelle: U.S. National Climate Center und West Indies Pilot Vol. II

beständig wehenden Passatwinde als Tradewinds (Handelswinde) bezeichnet, weil im Zeitalter der Segelschiffahrt die Handelssegler von Europa nach „Westindien" ihre Routen nach dem Passat abgesteckt haben.

Die Segelbedingungen zwischen den Inseln wären also ausgezeichnet, gäbe es nicht die Wirbelstürme, die gelegentlich die passatische Wetterlage unterbrechen und eine akute Gefahr für Schiff und Besatzung darstellen.

**Klassifizierung von Sturmwarnungen**

- tropical depression:      bis 7 Bft (33 kn)
- moderate tropical storm:  8–9 Bft (34–47 kn)
- tropical storm:           8–11 Bft (34–63 kn)
- severe tropical storm:    10–11 Bft (48–63 kn)
- hurricane:                12 Bft (64 kn und mehr)

# Hurrikans

Weil die Leeward-Inseln im „hurricane belt", im Bereich der Zugbahnen der Hurrikane, liegen, wird diesem klimatischen Phänomen hier besonderer Raum gegeben.

Das Wort Hurrikan entstammt der Arawaksprache und bedeutet: böser Geist. In anderen Indianersprachen heißt „hura" Wind.

Es versteht sich von selbst, daß wegen der Gefährlichkeit der Wirbelstürme für Schiff und Besatzung rechtzeitiges Ausweichen und Schutzsuchen oberstes Gebot ist. „Hurricane holes", sichere Schlupflöcher, die im einzelnen unter „Häfen und Ankerplätze" beschrieben sind, sind in der Tabelle auf Seite 23 zusammengefaßt.

Statistisch gesehen werden die Leeward-Inseln

## Klima und Windverhältnisse

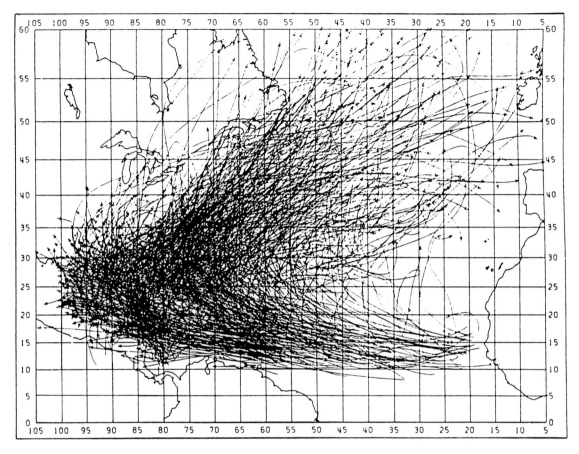

**Computerauswertung von 761 Wirbelsturmzugbahnen von 1886 bis 1977
(Quelle: MET Büro Curaçao)**

und ihr Umkreis von 100 Meilen jährlich einmal von einem tropischen Zyklon und alle 4 bis 5 Jahre von einen Hurrikan heimgesucht.

**Die Entstehung tropischer Wirbelstürme und Hurrikane**

Die Entstehung der tropischen Wirbelstürme ist noch nicht restlos geklärt. Eine der wesentlichen Voraussetzungen für die Bildung eines Hurrikans ist aber eine großflächige Erwärmung des Meeres auf mindestens 27 ° C.
Diese verheerenden Wirbelstürme entstehen fast alle weit draußen im Atlantik zwischen dem 10. und 20. Grad nördlicher Breite, ziehen in ihrer Entwicklung westwärts und im karibischen Raum dann in einer parabelförmigen, unberechenbaren Bahn mit einer Wanderungsgeschwindigkeit von 25 bis 50 km/h nach Nordosten in den Nordatlantik, teilweise über die Küstengebiete der USA. Sie enden in der Regel als Tiefdruckgebiete.

Die US-Marine und andere amerikanische Behörden haben mit Wettersatelliten, Flugkundungen und Radarpeilungen ein vorzüglich arbeitendes Warnsystem installiert, das den

# Klima und Windverhältnisse

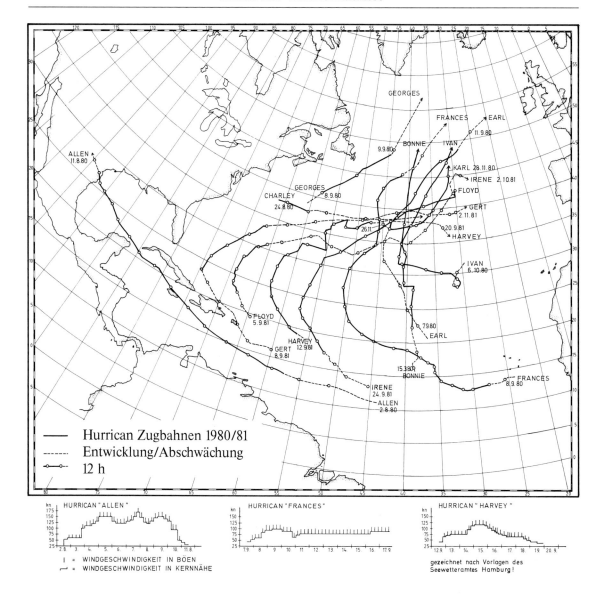

gesamten karibischen Raum umfaßt und eine Frühwarnung von mindestens 40 Stunden verspricht.

Im Jahresdurchschnitt werden mehr als 100 Hurrikan-Geburten, tropische Depressionen mit Hurrikan-Potential im Atlantik, im Golf von Mexiko oder der Karibik beobachtet, aber weniger als 25 erreichen eine cyclonic circulation und entwickeln sich in eine tropische Depression. Nur sechs dieser tropischen Depressionen reifen zu einem tropischem Sturm bzw. einem Hurrikan. Diese Angaben basieren auf statistischen Auswertungen des meteorologischen Dienstes der Niederländischen Antillen in Curaçao.

# Klima und Windverhältnisse

**Charakteristik eines tropischen Wirbelsturms**

Unter Zyklon oder Wirbelsturm verstehen wir eine geschlossene Wirbelzirkulation, die in der nördlichen Hemisphäre aufgrund der ablenkenden Kraft der Erdrotation entgegen dem Uhrzeigersinn rotiert (im Uhrzeigersinn auf der südlichen Halbkugel).

Der tropische Wirbelsturm (mit warmem Kern) entsteht über tropischen Gewässern und gewinnt seine Energie, wenn stark erwärmte Luft nach oben steigt. Die kälteren Luftmassen, die von unten nachgezogen werden, erwärmen sich ebenfalls, und je höher sie aufsteigen, desto stärker kondensiert ihre Feuchtigkeit. Es bilden sich mächtige Gebirge von Quellwolken, die bis 15 000 m emporsteigen und aus denen heftige Regen fallen.

In Kernnähe können Windgeschwindigkeiten von 200 km/h und mehr auftreten. Beim Hurrikan David (1979) und dem Hurrikan Allen (1980) wurde die 300-km/h-Grenze überschritten.

Nördlich von 5° Breite wirkt die ablenkende Kraft der Erdrotation stimulierend auf die riesigen, horizontal rotierenden Wolkenmassen, die im Endstadium bis zu 1000 km Durchmesser erreichen können.

Auf offener See erreichen die Wellenberge eine Höhe von 15 m und mehr, es entsteht ein chaotischer Seegang.

Die See trifft mit voller Wucht auf Landmassen

**Wirbelsturmstatistik Atlantik und Nebenmeere**

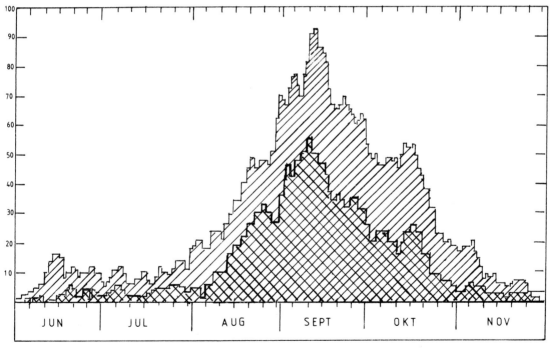

 **Tropische Stürme**
**Hurrikans**

**Zeitraum 1886–1977**

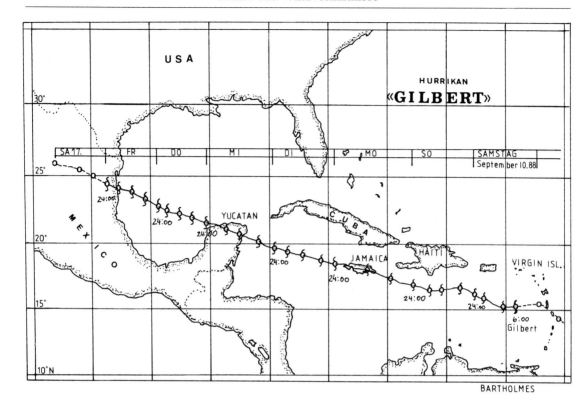

und überflutet flache Inseln total. Sonst sichere Ankerplätze werden zu tödlichen Fallen; an Land werden Bäume entwurzelt und Häuser zerstört. Es gehört zur guten Seemannschaft, daß mindestens einmal täglich der Wetterbericht abgehört wird. Die meines Erachtens besten Seewetterberichte sendet Radio Antilles (siehe Hinweis Wetterinformationen, Seite 26!).

## Hurrikan-Saison

Die „offizielle" Hurrikansaison für den Atlantik und seine Nebenmeere liegt zwischen dem 1. Juni und dem 30. September. Die Auswertung der 761 Wirbelstürme im Zeitraum zwischen 1886 und 1977, zusammengefaßt in der Graphik S. 18, zeigt allerdings, daß die Hurrikangefahr bis Anfang November sehr groß ist und solche statistischen Angaben mit Vorsicht zu gebrauchen sind. Die Zonen mit größter Hurrikanhäufigkeit liegen im Golf von Mexiko und östlich Floridas. Unberechenbar wie die Zugrichtung der Hurrikane ist auch ihre Häufigkeit. Blieben die karibischen Inseln einige Jahre von Hurrikanen verschont, entwickelte sich am 26. 8. 79 etwa 45° W ein Wirbel, der zuerst auf 10° nach W und später mit ca. 15 kn nach WNW wanderte. Am frühen Morgen des 27. 8. erreichte er Hurrikanstärke und erhielt den Namen David.

Am 29. 8. 79 durchquerte „David" mittags die Martinique-Passage zwischen Martinique und Dominica mit Windgeschwindigkeiten bis zu 150 kn im Umkreis von 50 sm um seinen Kern. Die Zerstörungen und Schäden – besonders auf Dominica und Nachbarinseln – durch den Wind, die bis zu 6 m hohe See an den Küsten und die heftigen Regenfälle (250 l/m²) wurden nie genau ermittelt. Aber viele Schiffe und Yachten gingen auf Grund oder wurden an Land gesetzt, über 60.000 Menschen wurden obdachlos, und auf Dominica fanden 23 Menschen den Tod.

Nur kurze Zeit später, am 30. 8. 79, entwickelte sich auf etwa 30° W der Hurrikan „Frederic", der mit etwas langsamerer Verlagerungsgeschwindigkeit nur ca. 80 sm nach Norden versetzt in die gleiche Richtung wanderte und ebenfalls schwere Schäden hinterließ.

Am 10. September 1988 entstand westlich von Dominica aus einer tropical depression der Hurrikan „Gilbert", der mit seiner mörderischen Gewalt Jamaica, die Halbinsel Yucatan und Teile von Mexiko verwüstete, Schiffe an Land setzte und Menschen tötete. Jamaicas Ministerpräsident bezeichnete „Gilbert" als die schlimmste Naturkatastrophe in der jüngeren Geschichte des Inselstaates.

Der Superwirbel erreichte Geschwindigkeiten von bis zu 320 Kilometer in der Stunde und wird vorerst als stärkster Hurrikan in die Geschichte eingehen.

Fast genau ein Jahr später, Mitte September 1989, fegte Hurrikan „Hugo" durch die Karibik und hinterließ ein schreckliches Bild der Verwüstung. Auch im Bereich der Leeward-Inseln gingen viele Yachten auf Grund oder wurden stark beschädigt.

Die Marina du Bas-du-Fort auf Guadeloupe erwies sich als „Mausefalle", 95 % aller Schiffe wurden mehr oder weniger beschädigt.

Die geringsten Verluste wurden bei den Ankerliegern im Oyster Pond und Grand Etang de Simson Baai auf St. Maarten und im Hurrican Hole / English Harbour auf Antigua beklagt.

Am schlimmsten traf es die Yachten in den Marinas von St. Croix und St. Thomas der U.S. Virgin Islands und in der Ensenada Honda auf

## Hurrikanschlupflöcher

| Insel | Ort | Wassertiefe in ft | Bemerkungen |
|---|---|---|---|
| **St. John (Virgin Islands)** | Hurricane Hole | 12-40 | Mangroven bis dicht ans Ufer, vier sichere Buchten |
| **St. Maarten** | Oyster Pond | 8-10 | Gefährliche Einfahrt, geringe Aufnahmekapazität |
| | Grand Etang de Simsonbaai (Lagune) | 9-13 | Brückendurchfahrt |
| **Antigua** | English Harbour | 12-23 | Hurrikanketten, im hinteren Teil Mangroven |
| | Nonsuch Bay | 10-20 | Mangroven bis dicht ans Ufer, Ankergrund Sand und weicher Lehm |
| **Guadeloupe** | Lagon Bleu | 6-8 | Mangroven im östlichen Teil der Lagune |
| | Rivière Salée | 6-9 | Brückendurchfahrt, Mastlegen, da Brückenöffnung unsicher, Risiko der Überfüllung |
| **Martinique Baie de Fort de France** | Port-Cohé | 7-10 | gut geschützt, schlechter Haltegrund |
| | Cul de Sac du Marin | 7-15 | |

Culebra, 232 Yachten lagen unter Wasser oder an Land. Neben Hafenanlagen wurden auch Gebäude (auf St. Croix 90%) und andere Anlagen beschädigt, wie z.B. auf Montserrat die Radiostation Radio Antilles, die bis Februar 92 noch nicht wieder in Betrieb war. Auf Antigua wurden drei und auf Guadeloupe vier Menschen getötet.

Kurz nach der Katastrophe bin ich mit dem Hubschrauber über Orte der Verwüstung geflogen und habe später mit der Segelyacht „Blue Eagle" einen Teil der Leeward-Inseln besucht, um auch in Gesprächen mit Behörden, Skippern und Stützpunktleitern von Charterfirmen weitere wesentliche Informationen zu sammeln und auszuwerten.

Erkenntnisse:

1. Das Frühwarnsystem funktionierte auch hier ausgezeichnet, die Wetterämter haben bereits 2000 Meilen auf dem Atlantik entfernt die „Hurrikangeburt" erkannt und die ungefähre Zugbahn vorhergesagt.
2. Das Barometer kündigt das Sturmzentrum erst spät an.
3. Das Abhören von Wetterberichten ist Voraussetzung, um die richtige Entscheidung früh genug zu treffen.
4. Unterschiedliche Anker vermindern das Risiko.
5. Im weichen Untergrund der Lagunen hält der Danforthanker am besten.
6. Der Kettenvorlauf auf vielen Charteryachten ist zur kurz, Leinen scheuern an den Beschlägen durch.
7. Schlechtes Ankergeschirr und zu wenig (lange) Festmacheleinen verursachen vermeidbare Havarien.
8. An Land ausgebrachte Festmacheleinen müssen durch Fender o.ä. gut sichtbar gemacht werden, zur Landbefestigung sind kräftige Mangroven am besten geeignet.
9. Nach gebrochenen Leinen im Wasser Ausschau halten, viele an Land geworfene Yachten hatten Leinen im Propeller.
10. Genügend Vorrat an Ersatzbatterien für Radio und Taschenlampen rechtzeitig beschaffen.
11. Skipper von Charteryachten sollten geplante Aktionen und Fluchthäfen mit dem Stützpunkt absprechen.
12. Marinas können zu „Mausefallen" werden.
13. Segel abschlagen und verstauen.
14. Für die Crew ist der sicherste Ort das Schiffsinnere, die Rettungsweste angezogen.

Die durchschnittliche Dauer der Wirbelstürme beträgt 9 Tage. Wirbelstürme von weniger als 4 Tagen und mehr als 14 Tagen sind selten.

Wenn Worte wie *storm warning, tropical cyclon advisor* oder *hurricane watch* über Rundfunkstationen (siehe Tabelle S. 27) oder Küstenfunkstationen ausgestrahlt werden, sollte man unverzüglich das aus seiner Sicht sicherste Hurrikanschlupfloch mit der kürzesten Entfernung und sichersten Route aufsuchen.

# Die Leeward-Inseln

Die Leeward-Inseln liegen im Gebiet der Hurrikanzugbahnen (Hurricane Belt), und man kann und muß davon ausgehen, daß alle vier bis fünf Jahre ein Hurrikan über die Inseln zieht und jährlich mindestens ein Wirbelsturm das Seegebiet der Kleinen Antillen im Umkreis von 100 sm berührt (S. 20)

# Natürliche Wirbelsturm-Frühwarnsignale

Davon ausgehend, daß die Wanderungsgeschwindigkeit des Sturmzentrums ca. 10 sm/h (im Etmal 240 sm) beträgt, kündigt sich der

Wirbelsturm oft durch eine schwere Dünung mit einer Sequenz von ca. 10–15 Sekunden vorzeitig an, weil die Verlagerungsgeschwindigkeit der Dünungswelle größer ist (im Etmal 436-550 sm) als die des Sturmzentrums. Faustformel Verlagerungsgeschwindigkeit (v) in kn/Wellenperiode (Sequenz) (P) in sek.:
V = 1.515 x P
12 sek. x 1.515 = 18.18 sm/h ≙ 436 sm/Tag

Auf offener See liegt das Sturmzentrum in der Richtung, aus der die Wellen kommen.
Ein weiteres Warnzeichen für einen noch entfernten Wirbelsturm ist es, wenn bei ruhigem, heißem Wetter das Barometer – evtl. nach kurzem Anstieg – um mehr als 3 hPa unter den durchschnittlichen Luftdruck, bezogen auf den Monat (siehe Tabelle Seite 16), fällt.
Die Beobachtung der Bewölkung gibt zusätzliche Hinweise für das Vorhandensein eines Wirbelsturms in noch großer Entfernung. Bei Aufzug eines (hohen) Cirrusniveaus mit Wolkenverdichtung und Übergang zum Altostratus unter gleichmäßigem Druckabfall und einsetzender Windstille kann man davon ausgehen, daß ein Sturmfeld nicht weit entfernt ist.

# Die Norder

Dieser steife und kalte Wind entsteht häufig in den Monaten Dezember und Januar auf der Rückseite großer westatlantischer Tiefdruckgebiete und gelangt in den karibischen Raum mit Geschwindigkeiten von 25–35 kn.
Die Inselbewohner nennen diese Kaltluftvorstöße, die zu den Leewards aus nördlichen Richtungen vordringen, auch „Christmas winds".
Das Herannahen eines Norders wird fast immer durch Winddrehungen auf Süd, Druckabfall und nachfolgendes Aufziehen einer niedrigen Wolkenbank aus NW bis N angekündigt. Der einsetzende Temperatursprung ist nicht so stark ausgeprägt wie im nordwestlichen Teil der Kleinen Antillen. Mit zunehmender Sichtverschlechterung kommt es zu heftigen Böen aus W bis NW und kräftig einsetzenden Regenschauern. Bei steigendem Luftdruck dreht der Wind – immer noch stark böig – langsam zurück.
Die Passatstörung hält meist nur ein bis zwei Tage an; darauf folgt herrliches, etwas kühles „Karibikwetter" bei klarer Sicht und meist wolkenarmem Himmel.

# Seegang und Strömungen

Mit dem Wort Karibik verbinden sich bei vielen Seglern auch gleichzeitig türkisfarbenes Meer, blauer Himmel, optimale Wind- und Seeverhältnisse. Grundsätzlich trifft das auch zu, besonders auf der Leeseite im inselnahen Bereich. Bei Passatwetterlage kommen die Windsee und die Dünung im Gebiet der Leeward-Inseln und im angrenzenden Atlantik aus ESE-lichen Richtungen. In der Region zwischen 14° N–20° N und 58° W–62° W setzt der Äquatorialstrom (Equatorial current) auf offener See in WNW-licher Richtung 14–15 sm pro Tag, ziemlich konstant das ganze Jahr. Im inselnahen Bereich und zwischen den Inseln nimmt er an Stärke zu und erreicht teilweise bis zu 3 kn. Bei Eintritt in die Karibische See, ab etwa 62° W, setzt er dann in WSW-liche Richtung und erreicht eine Geschwindigkeit von 20–21 sm pro Tag.
Die Wellenhöhe des Seegangs beträgt selten mehr als 1,5 m und ist im Atlantik östlich der Antillen meist zu 85% geringer als 1 m.

**Grundseen (ground swell/rollers)**

Von November bis April kann man es in den

Virgin Islands und den Leeward-Inseln bis nordwestlich von Guadeloupe mit dem ground swell zu tun bekommen.

Unter bestimmten Wetterbedingungen setzt sich der durch Stürme im Nordatlantik entstandene Seegang in langen Wellen fort bis in den karibischen Raum. Er verursacht keine oder kaum feststellbare Auswirkungen auf Yachten unter Segeln auf tiefem Wasser, aber in Häfen und Ankerplätzen treten nicht selten größere Sachschäden durch Grundberührung auf oder weil sich Yachten ineinander verkeilen bzw. mit den Masten zusammenschlagen.

Die Grundsee kommt aus N bis NE, besonders gefährdet sind Schiffe in flachen, nach N bis NE offenen Ankerbuchten und Häfen.

# Gezeiten

Die Gezeiten in den westindischen Gewässern sind unzuverlässig und haben sehr unterschiedliche Formen.

Der Tidenhub im Bereich der Leeward-Inseln ist unbedeutend und beträgt etwa 0,4 m.

Wenn die Tide gegen die Windsee und den Äquatorialstrom anläuft, kommt es mitunter an den nördlichen und südlichen Inselhuken zu hohen, kurzen Kabbelseen (tide rips), und je nach Kurs kann es dann bockig werden.

Genauso unzuverlässig wie die Gezeiten auf den Kleinen Antillen sind die Berechnungen nach dem Tidenkalender: Die Bezugsorte liegen in Galveston/Texas oder Key West/Florida. Die Angaben in den Imray-Iolaire-Karten sind für die Navigation der Sportschiffahrt meines Erachtens ausreichend.

# Wetterinformationen

Die ausführlichsten *Seewetterberichte* in Englisch werden von Radio Antilles auf 930 kHz ausgestrahlt. Die aktuellen Berichte und Vorhersagen um 08.00 und 18.00 Ortszeit sind ausführlich und umfassen das Gebiet 05° N bis 35° N/40° W–75° W.

Im Herbst 89 wurden die Antennenanlagen und Senderäume von Radio Antilles (Big Ra) vom Hurrikan „Hugo" zerstört.

Im Februar 92 herrschte auf 930 kHz immer noch Funkstille, die Wiederinbetriebnahme ist erst Ende 92 geplant.

Ausgezeichnete Wetterberichte in französischer Sprache sendet die Radiostation Fort de France auf 1310 kHz um 10.30, 16.59 und 23.03 für das Seegebiet 10° N–20° N / 50° W–70° W. Die Radiostationen der einzelnen Inseln senden unter normalen Wetterbedingungen lokale Wetterberichte, die eher den Golfer oder Pauschaltouristen interessieren und nur ein winzig kleines Gebiet um ihre Insel herum abdecken. Bei Hurrikangefahr ist der Äther voll mit Informationen rund um die Uhr. Für wichtige nautische Entscheidungen besteht auch noch die Möglichkeit, Saba Radio auf Kanal 16/26 zu rufen und den letzten Stand hinsichtlich Wind, Seegang und Wetterentwicklung abzufragen, wenn man schon einen Sendetermin verschlafen hat und der Zeitdruck im Nacken sitzt.

# Wetterinformationen

## Wetterberichte / Küstenfunkstellen

| Insel | Station | Frequenz kHz | Zeit | Gebiet / Hinweise | Sprache |
|---|---|---|---|---|---|
| **St. Thomas** | WAH | 2506 K 28 | 0000 1200 | W-licher Nordatlantik Karibik, Golf von Mexiko | E |
| | | | 1400 1600 1800 2000 2200 | Virgin Islands, E-liche Karibik | E |
| **Saba** | PJS | K 16/26 | Anfrage | Leeward-Inseln | E |
| **Martinique** (Fort de France) | Marine Privat FFP | 1333 3700 2545 | Bulletin 2003 1333 | FDF/Karibik 15. 7.–15. 10. 0° N-35° N / 20° W-90° W | F F |
| **Guadeloupe** | FFQ | 2255 | h + 10 h + 03 und h + 33 | nur Sturmwarnung Hurrikanwarnung | F F |

## Wetterberichte / Rundfunkstationen

| Insel | Station | Frequenz kHz | Zeit | Gebiet / Hinweise | Sprache |
|---|---|---|---|---|---|
| **Montserrat** | Radio Antilles* | 930 | 0800 1800 | 05° N-35° N / 40° W-75° W Seewetterbericht | E |
| **Anguilla** | Radio Anguilla | 1505 | nach den Nachrichten | Wetterbericht mit Luftdruckangaben | E |
| **St. Maarten** | RFO | 100 MHz | 0630 1850 | Seewetterbericht | E |
| **Dominica** | Radio Dominica | 595 | nach den Nachrichten | Hurrikanwarnung nach Eingang stündlich h + 30 | E |
| **Guadeloupe** | Radio Guadeloupe | 640, 1402 | 1058 1658 2258 1028 2228 | Wetterberichte Hurrikanwarnung | F |
| **St. Christopher** | Radio ZIZ | 555 | 1000 1300 permanent | Küstengebiete bei Hurrikangefahr | E |
| **Martinique** | RFO | 1310 | 1030 1659 2303 | Sturm-/Hurrikanwarnung | F |
| **Nevis** | Radio Paradise Radio VON | 1265 895 | 1030 2230 0745 1045 1245 | Küstengebiete / Sturmwarnung, Seewetterberichte | E |
| **Barbardos** | Radio Barbardos | 900 | 0710 0858 1030 1110 1202 | Kleine Antillen, angr. Atlantik WX, Seegang, Tide | E |

* siehe Hinweis Wetterinformationen!

## Wetterbericht Telefon

| **Antigua Flughafen (MET)** | **Tel. 462 – 30 17** |
|---|---|

## Umrechnung von Fahrenheit-Graden in Celsius-Grade

| F | C | F | C | F | C | F | C | F | C | F | C | F | C |
|---|---|---|---|---|---|---|---|---|---|---|---|---|---|
| 0 | −17,8 | 15 | −9,4 | 30 | −1,1 | 45 | 7,2 | 60 | 15,6 | 75 | 23,9 | 90 | 32,3 |
| 5 | −15,0 | 20 | −6,7 | 35 | 1,7 | 50 | 10,0 | 65 | 18,3 | 80 | 26,7 | 95 | 35,0 |
| 10 | −12,2 | 25 | −3,9 | 40 | 4,4 | 55 | 12,8 | 70 | 21,1 | 85 | 29,4 | 100 | 37,8 |

# Navigation

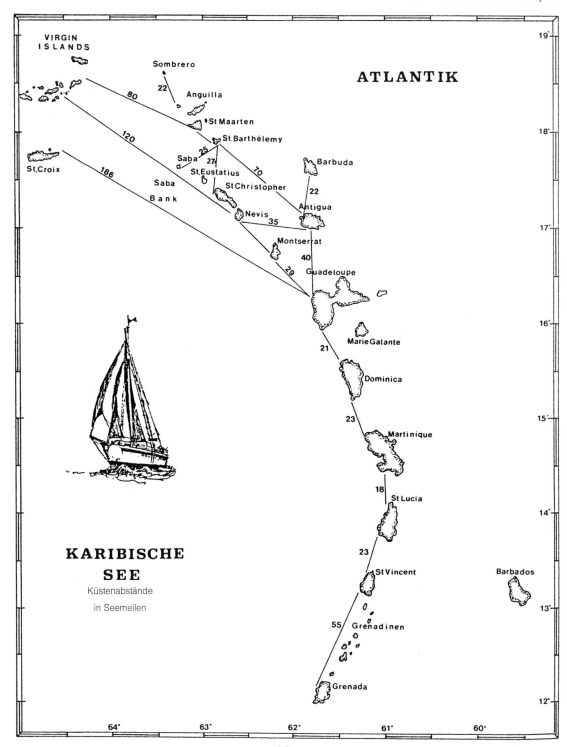

# Navigation

Navigation an fernen Küsten und in unbekannten Gewässern ist eine der großen Herausforderungen für Skipper und Crew. Trotz sorgfältiger Kartenarbeit und exaktem Steuern gelangt man zuweilen nicht genau an den Punkt, an den man eigentlich wollte, weil ein unbekannter Strom die Yacht vom Koppelkurs versetzt hat und wegen fehlender Peilpunkte terrestrische Standortbestimmungen nicht möglich waren. Im Gegensatz zu unseren heimischen, gut betonnten und befeuerten Revieren sind auf den Kleinen Antillen Gefahrenstellen selten oder gar nicht gekennzeichnet, und wenn man noch vom Pech verfolgt ist, sind die in der Karte eingetragenen Tonnen nicht auffindbar, weil vertrieben oder eingeholt.

**Entfernungstabelle: Distanzen in Seemeilen (abgerundet)**

| | | Road Bay | Marigot Bay | Philipsburg | Gustavia | Fort Baai | Oranjestad | Basseterre | Charlestown | English Harbour | Cocoa Point | Plymouth | Pointe-à-Pitre | Anse Deshaies | Anse du Bourg | Portsmouth | Roseau | Fort de France |
|---|---|---|---|---|---|---|---|---|---|---|---|---|---|---|---|---|---|---|
| St. John V.I. | Hurricane Hole | 95 | 96 | 99 | 110 | 96 | 113 | 122 | 132 | 195 | 175 | 178 | 260 | 212 | 262 | 253 | 270 | 310 |
| Anguilla | Road Bay | | 13 | 22 | 35 | 39 | 53 | 73 | 83 | 130 | 104 | 118 | 197 | 149 | 181 | 201 | 218 | 250 |
| St. Martin | Marigot Bay | | | 14 | 26 | 36 | 43 | 62 | 72 | 114 | 97 | 111 | 192 | 142 | 174 | 194 | 211 | 245 |
| St. Maarten | Philipsburg | | | | 14 | 29 | 33 | 54 | 64 | 102 | 83 | 97 | 178 | 128 | 160 | 180 | 197 | 240 |
| St. Barthélemy | Gustavia | | | | | 30 | 28 | 43 | 53 | 88 | 69 | 83 | 162 | 114 | 146 | 166 | 183 | 230 |
| Saba | Fort Baai | | | | | | 17 | 37 | 47 | 100 | 86 | 85 | 158 | 121 | 153 | 173 | 190 | 230 |
| Eustatius | Oranjestad | | | | | | | 21 | 31 | 84 | 72 | 68 | 152 | 104 | 136 | 154 | 171 | 220 |
| St. Christopher | Basseterre | | | | | | | | 10 | 63 | 71 | 47 | 121 | 83 | 115 | 133 | 150 | 200 |
| Nevis | Charlestown | | | | | | | | | 53 | 61 | 37 | 111 | 73 | 105 | 123 | 140 | 190 |
| Antigua | English Harbour | | | | | | | | | | 50 | 38 | 90 | 42 | 74 | 94 | 111 | 163 |
| Barbuda | Cocoa Point | | | | | | | | | | | 61 | 127 | 79 | 111 | 128 | 145 | 200 |
| Montserrat | Plymouth | | | | | | | | | | | | 84 | 36 | 68 | 82 | 99 | 150 |
| Guadeloupe | Pointe-à-Pitre | | | | | | | | | | | | | 48 | 23 | 43 | 60 | 110 |
| | Anse Deshaies | | | | | | | | | | | | | | 32 | 50 | 67 | 120 |
| Îles des Saintes | Anse du Bourg | | | | | | | | | | | | | | | 20 | 37 | 90 |
| Dominica | Portsmouth | | | | | | | | | | | | | | | | 17 | 67 |
| | Roseau | | | | | | | | | | | | | | | | | 50 |

Nicht die Windsee, sondern Navigationsfehler und falsches Ankern sind hier die häufigsten Ursachen von Havarien.

Durch das Fehlen von künstlichen Landmarken und Seezeichen wie Leuchtfeuer und Tonnen muß man teilweise wieder die alten bewährten Methoden der terrestischen Navigation anwenden. Bei den kurzen Schlägen zwischen den Inseln sollte man konsequenterweise den vorher errechneten Kompaßkurs steuern, selbst wenn man das Tagesziel am Horizont bereits sehen kann. Sobald verwendbare Peilpunkte wie z.B. Berge und Inselhuken zur Verfügung stehen, werden wahrer und gegißter Ort ermittelt, der Kurs wird ggf. neu beschickt.

Bewährt hat es sich, in küstennahen Gewässern mit Untiefen einen Mann für den Ausguck einzuteilen, der schon etwas Erfahrung mit der Augapfelnavigation hat und auf einige Entfernung an den Wasserfarben erkennen kann, ob sich unter der leichten Brandung eine blinde Klippe oder möglicherweise ein Riff verbirgt.

Die Nächte kommen in den Tropen früh, sind relativ lang und dauern von 18.00 Uhr abends bis 06.00 Uhr morgens. Besonders Neumondnächte sind schwarz wie das Innere eines Tintenfasses, und die Navigation im inselnahen Bereich kann – wie selbst erlebt – zum Alptraum werden. Selbst bei Sternenhimmel ist die Kimm nachts oft nicht auszumachen.

# Betonnung und Seezeichen

*Die schwimmenden und festen Schiffahrtszeichen im karibischen Raum dürfen nicht als sichere Navigationsmarken betrachtet werden.* Das betrifft alle Angaben – also Vorhandensein, Position, Farbe, Form und Kennung. Der Kommunikationsaustausch zwischen den örtlichen Hafenbehörden und den Hydrografischen Instituten scheint nicht zu funktionieren, vertriebene oder eingeholte Tonnen sind oft noch jahrelang in amtlichen Seekarten neuesten Datums enthalten. Hinzu kommt, daß örtliche Hafenbehörden und Marinas nach einem eigenen „Betonnungssystem" Gefahrenstellen und kritische Riffdurchfahrten mit Bojen, Tonnen und Tagbaken kennzeichnen, in den unterschiedlichsten Formen und Farben.

**Symbole in den Plänen**

|  |  |
|---|---|
| ⚓ | Ankerplatz |
| | Tagesankerplatz |
| ★ · ◁ F | Leuchtfeuer |
| + + + | Riffe / Untiefen |
| | Muringbojen |
| | Festmachetonne |
| Wk | Schiffswrack |
| | Flachwasserlinie |
| — — — | Peillinie |
| —·—·— | Kurslinie |
| = = = | Fahrwasser von Fähren |
| ~~~~~ | Unterwasserkabel |
| | Steilküste |
| | Mangroven |
| | Fort |
| | Kirche |
| | Tauchgebiet |
| MgK | Kompaßkurs |
| MgP | Magnetkompaßpeilung |

Auch die Zentralregierung in Frankreich hat erkannt, daß ihre westindischen Départements in mancher Hinsicht wohl doch nicht ganz zum Mutterland gehören und 1988 begonnen, das Tonnensystem gemäß den Forderungen der IALA zu ändern. Die Umstellung in den wichtigsten Fahrwassern von Port de Gustavia auf St. Barthélemy und Pointe-à-Pitre auf Guadeloupe war 1989 abgeschlossen. In den Gewässern der Niederländischen Antillen sind extrem wenige Tonnen ausgelegt; ein System ist nicht erkennbar.

## Lateralsystem B

Die Umstellung auf das Lateralsystem B in den wichtigsten Fahrwassern innerhalb der Virgin Islands war 1987 abgeschlossen. St. Barthélemy folgte 1988, Guadeloupe 1989. Wartung und Überholung der Tonnen in dieser Region sollen

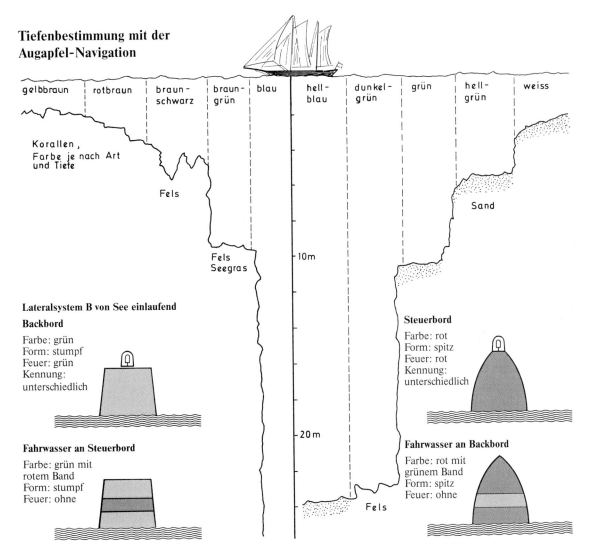

mindestens alle sechs Jahre durchgeführt werden.
Ein wesentliches Merkmal des Lateralsystems B besteht darin, daß von See kommend an der *Steuerbordseite des Fahrwassers rote Spitztonnen* mit weißen geraden Nummern liegen. Als Befeuerung können weiße oder rote Feuer mit verschiedenen Kennungen gezeigt werden.
*An der Backbordseite des Fahrwassers liegen grüne Stumpftonnen* mit weißen ungeraden Nummern. Als Befeuerung können weiße oder grüne Feuer mit verschiedenen Kennungen gezeigt werden.

**Tonnen ohne Seitenbedeutung**

Diese Tonnen werden mit Sicherheit in den nächsten Jahren im Farbanstrich nicht internationalen Regeln angepaßt.

**Wracktonnen**

sollten sich an der Seeseite des Fahrwassers befinden, liegen aber im Bereich der Leeward-Inseln nicht aus.

# Loten mit Hilfe der Augapfel-Navigation

Das Abschätzen der Wassertiefe mit dem Auge ist bei europäischen Sportschiffern nicht üblich; das kommt allerdings daher, daß im Heimatrevier die Beschaffenheit des Meeresbodens anders ist und die Wasserverschmutzung diese Art des Lotens nicht zuläßt.
In den tropischen Meeren erlauben es aber die klar abgegrenzten, ungewöhnlich schönen Farbschattierungen zwischen Tiefblau und Braunschwarz dem Sportschiffer, die Wassertiefe ziemlich exakt zu bestimmen.

Wichtig ist, daß bei kritischen Einsteuerungen im Riffbereich die Sonne hoch und möglichst im Rücken des Steuermanns steht.
Wenn man den Grundsatz *„Sail in the dark blue water, anchor in the light green water and stay away from the white or brown water"* beherzigt, navigiert und ankert man in der Karibik sicher.

# Seekarten

Viele der heute noch gültigen Seekarten für das Gebiet um die Leeward-Inseln haben ihren Ursprung in Beobachtungen, Aufzeichnungen, Landvermessungen und Lotungen britischer, niederländischer und französischer Kapitäne aus den Jahren 1847 bis 1910.
Diese Karten werden durch die jeweiligen hydrografischen Institute verbessert und immer auf den aktuellen Stand gebracht, sind aber trotzdem für die Sportschiffahrt unzweckmäßig, weil sie bei der Navigation oft von anderen Voraussetzungen ausgehen. Beispielsweise haben die Tiefwasserinformationen und Zeichnungen mit großem Maßstab für Sportskipper weniger Bedeutung; dafür fehlen ihnen oft Darstellungen von Küstenabschnitten mit allen topographischen Angaben sowohl über als auch unter Wasser in möglichst kleinem Maßstab.
Einige französische Seekarten, z.B. die Nr. 1488, sind nicht mehr wert als das Papier, auf dem sie gedruckt sind.
Die deutschen Seekarten geben nach meiner Erfahrung neben den nichtamtlichen Imray-Iolaire-Karten die ausführlichsten Informationen. Die Imray-Iolaire-Karten decken mehr die Bedürfnisse der Sportschiffahrt ab, sind farblich gut gestaltet und enthalten eine Menge Detailinformationen etwa über Standlinien, Riffpassagen oder Gezeiten.
Neue oder auf den letzten Stand gebrachte See-

# Seekarten

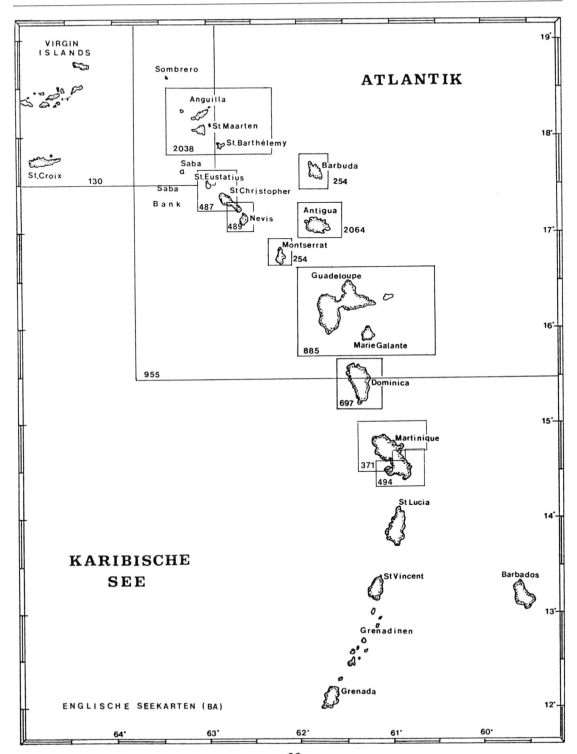

# Seekarten

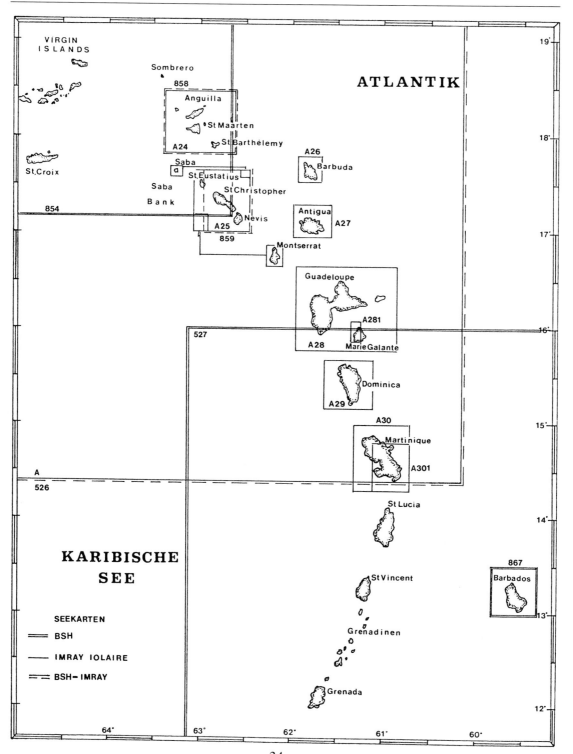

## Seekarten / Nautische Bücher

**Für die Navigation und nautische Entscheidungen empfohlenes Kartenmaterial**

| Gebiet | Karte | Maßstab | Institut |
|---|---|---|---|
| **Sombrero Passage (Übersegler)** | Nr. 854 | 1 : 300.000 | BSH |
| **Sombrero to Dominica** | Nr. 955 | 1 : 475.000 | Brit. Admiralty |
| **Anguilla, St. Martin, St. Barthélemy** | Nr. 858 | 1 : 100.000 | BSH |
| **Anguilla, St. Martin, St. Barthélemy** | Nr. 2038 | 1 : 174.000 | Brit. Admiralty |
| **St. Christopher, Nevis, St. Eustatius** | Nr. 859 | 1 : 70.000 | BSH |
| **Anguilla, St. Martin, St. Barthélemy** | Nr. A 24 | 1 : 100.000 | Imray |
| **St. Eustatius, St. Christopher, Nevis, Montserrat, Saba** | Nr. A 25 | 1 : 104.000 | Imray |
| **Montserrat and Barbuda** | Nr. 254 | | Brit. Admiralty |
| - Plymouth Anchorage | | 1 : 15.000 | |
| - Montserrat | | 1 : 50.000 | |
| - Barbuda | | 1 : 60.000 | |
| **Antigua** | Nr. A 27 | 1 : 57.000 | Imray |
| **Barbuda - South West Coast** | Nr. A 26 | 1 : 28.000 | Imray |
| **Approaches to Anguilla** | Nr. 2047 | 1 : 50.000 | Brit. Admiralty |

karten sind in der gesamten Karibik Mangelware. Wer auf eigenem Kiel in die Karibik segelt, sollte einen vollständigen Satz mitnehmen. Die Charteryachten mit Basen im Bereich der Leeward-Inseln sind im Gegensatz zu den Charteryachten auf den Virgin Islands mit Kartenmaterial relativ gut ausgestattet.

## Nautische Bücher

D 2049, Westindien-Handbuch II. Teil, Die Kleinen Antillen, Virgin Islands und die Großen Antillen (außer Kuba)
British Admiralty Sailing Directions No. 71, West-Indies Pilot (North Western Part), Vol. II
D 2108, Leuchtfeuerverzeichnis Teil VIII, Atlantischer Ozean, W-Seite, S-licher Teil
D 2116, Gezeitentafel Band II, Atlantischer und Indischer Ozean, Westküste Südamerikas
D 2420, Atlas der Monatskarten des Nordatlantischen Ozeans
N.O.16, U.S. Pilot Charts, North Atlantic Ocean
D 2150-2153, Nautischer Funkdienst I-IV

**Sportbootführer und weiterführende Literatur**

Bernhard Bartholmes, Karibik aus der Luft, Bielefeld
Frank Bellamy, Karibik-Handbuch, Bremen
William J. Einman (Ed.), Cruising Guide St. Maarten/St. Martin Area, and St. Kitts and Nevis, Philadelphia
Reed's Nautical Almanac and Coast Pilot, U.S. East Coast and the Caribbean, New Malden/Surrey (erscheint jährlich)
Bill Robinson, The Caribbean Cruising Handbook, New York
Donald M. Street jr., Street's Cruising Guide to the Eastern Caribbean, Vol. 2 – Part Two: Anguilla – Dominica, New York/London

Funkfeuer / Hinweise und Warnungen

**Verwendbare Funkfeuer**

| Insel | Position | Frequenz kHz | Code | Kennung |
|---|---|---|---|---|
| St. Maarten | 18° 02,2′ N/63° 07,1′ W | 308 | PJM | .- -. / .- - - / - - |
| St. Christopher (St. Kitts) | 17° 17,7′ N/62° 44,7′ W | 325 | SKB | ... / -.- / -... |
| Antigua | 17° 09,6′ N/61° 47,9′ W | 369 | ZDX | - -.. / -.. / -... |
| | 17° 07,6′ N/61° 47,9′ W | 351 | ANU | .- / -. / ..- |
| St. Barthélemy (St. Barths) | 17° 53,9′ N/62° 51,0′ W | 338 | BY | -... / -.- - |
| Guadeloupe | 16° 15,7′ N/61° 31,4′ W | 300 | PPR | .- -. / .- -. / .-. |
| Dominica | 15° 32,8′ N/61° 18,2′ W | 273 | DOM | -.. / - - - / - - |
| Martinique | 14° 35,9′ N/61° 05,7′ W | 314 | FXF | ..-. / -..- / ..-. |

## Die Funknavigation

Besonders für die Nachtnavigation sind die in der Tabelle aufgeführten Flugfunkfeuer ein wichtiges Hilfsmittel für die Schiffsführung. Auf kritischen Kursen müssen Peilfehler, hervorgerufen durch den Küsten- und den Nachteffekt, einkalkuliert werden. Von 1988 bis 1992 habe ich in ungünstigen Fällen Standliniendifferenzen von bis zu 10° festgestellt. Unter guten Bedingungen sind die Kennungen bis zu 100 sm klar zu identifizieren; eine Ausnahme bildet BY Barthélemy: Reichweite max. 50 sm.

# Hinweise und Warnungen

## Betonnung und Befeuerung

Die Angaben in den Seekarten über das Betonnungssystem im Küstenbereich sind oft unvollständig und teilweise falsch. Gefährliche Untiefen, Riffe und Wracks sind nur äußerst selten durch Tonnen markiert. Von Marinas ausgelegte Tonnen und Bojen für die Navigation bei Riffdurchfahrten sind schwierig zu identifizieren und werden oft verwechselt mit einer Boje, an der nur ein Hummerkorb hängt, was zu fatalen Situationen führen kann (siehe hierzu auch „Betonnung und Seezeichen").
Die Nachtnavigation kann für den nicht revierkundigen Skipper wegen verloschener Feuer zum Alptraum werden.
Auf fast jeder Karibikreise stellte ich fest, daß selbst wichtige Feuer verloschen waren, einige über Jahre hinweg wie z.B. das äußerst wichtige Feuer auf Cape Shirley auf Antigua. Seekarten, auch mit neuestem Datum, sind mit Vorsicht zu gebrauchen.

## Saba Bank

Die nordöstliche Kante der Saba-Bank liegt etwa 2,5 sm südwestlich von Saba und umfaßt ein Gebiet, das sich mit einem 34 sm langen Rücken nach Südwesten und etwa 26 sm in nord-südliche Richtung ausdehnt.

Die Wassertiefen variieren von 7,30 m bis 75 m, und bei gutem Wetter ist der mit weißem Korallensand bedeckte Meeresboden an einzelnen Stellen gut zu sehen. Bereits ab 4 Bft kommt es in der Nähe der *östlichen Riffkante* zu einer größeren Steilheit der Wellen und bei steifem Passat zur Ausbildung von Brechern, wo in Verlagerungsrichtung des Stroms der Meeresboden aus großer Tiefe steil ansteigt.

Eine gefährliche Untiefe mit nur 4 m Wasser (bei glatter See) liegt nordwestlich der Saba Bank auf ungefährer Position 17° 35′ N/ 64° 35′ W.

## Die Wahl des Ankerplatzes

Der Ankerplatz ist solange sicher wie die Küste in Luv liegt, die Wassertiefe etwa 10 m beträgt und der Sicherheitsabstand beim Schwojen richtig berechnet ist, d.h. bei plötzlichem Windsprung oder bei einsetzender Grundsee (Rollers) die Yacht außerhalb der Brandungszone liegt.

## Fluchthäfen

Bei genauer Betrachtung der Seekarten wird man feststellen, daß relativ wenige Fluchthäfen und Schlupflöcher zur Verfügung stehen und ein Teil davon bei Schlechtwetter wegen Luvlage nicht ansteuerbar sind, weil sich vor der Einfahrt eine steile See mit unberechenbaren Grundseen aufbaut.

Bei Schlägen zwischen den Inseln – besonders hoheitsgebietsübergreifenden – sollte man schon am Abend vorher die Kurse abstecken und die Fahrzeit aufgrund der gegebenen Verhältnisse von Wind und Strom unter Zuhilfenahme der aktuellen Wetterberichte errechnen. Unter Berücksichtigung der zielhafenspezifischen Informationen und Ansteuerungshinweise ergibt sich die späteste Ankunftszeit und daraus die Zeit für Ankerauf.

## Sombrero-Passage

Die Sombrero-Passage ist zwischen Virgin Gorda und Anguilla etwa 70 sm breit.

Die kleine flache Insel Sombrero auf der ungefähren Position 18° 36′ N/63° 26′ W mit dem weithin sichtbaren Leuchtfeuer ist nachts der einzig zuverlässige Peilpunkt für einen Großteil der Strecke. Auf Kursen von Ost nach West bereitet das Übersegeln von den Leewards zu den Virgin Islands aber keine Probleme. Man fährt in der Regel mit Wind und Strom, und selbst unter ungünstigen Bedingungen benötigt man für die 80 sm lange Strecke von Philipsburg bis Ginger Island allenfalls zwölf Stunden.

Der 414 m hohe Virgin Gorda Peak ist auf große Entfernung gut zu sehen.

Der Schlag in die umgekehrte Richtung gestaltet sich jedoch schwieriger, und 25 Stunden Fahrt sind keine Seltenheit. Besonders in den Sommermonaten weht der Tradewind aus Ost-Süd-Ost und man wird kreuzen müssen. Zudem ist die Versetzung durch Strom enorm. Hinzu kommt, daß die Befeuerung auf Anguilla und St.Martin für die Ansteuerung bei Nacht miserabel und Dog Island völlig unbefeuert ist.

# Reise- und Chartertips

## Telefon

Auf die Verbindung mit den Daheimgebliebenen braucht man nicht zu verzichten. Das Telefonieren im Selbstwähldienst von Europa zu den Kleinen Antillen ist heute kein Problem. In umgekehrter Richtung ist das Telefonieren aber oft zeitaufwendig und nur handvermittelt über einen Operator – meist von einem Hotel aus – möglich.
Kompliziert und nervenaufreibend ist das Telefonieren zwischen den Inseln, was in erster Linie auf die überlasteten Telefonnetze in der Zeit von 09.00 bis 17.00 Uhr und die unverständlichen Verkabelungswege zurückzuführen ist.
Wenn man z.B. von Marigot auf St. Martin eine Nummer im benachbarten Philipsburg auf der holländischen Seite der Insel anwählt, geht der Ruf – falls mal nicht besetzt ist – nach Guadeloupe, und falls dort nicht besetzt ist, zurück nach Philipsburg. Es ist also besser, man fährt für 3 Francs mit dem Taxi die kurze Strecke; das geht schneller und ist zudem noch billiger.

## Telegramme/Telex

Eine Alternative der Nachrichtenübermittlung zwischen Europa und den Inseln, auch zwischen den Inseln selbst, sind Telegramme und Fernschreiben, die man bei der Post oder einem Büro von „Telefon & Telegraph" aufgeben kann (aufgeführt in den Hafenplänen).

**Telefonverbindungen von Europa zu den Leeward-Inseln**

| Insel | Vorwahl von | | | Anschluß |
|---|---|---|---|---|
| | D | CH | A | |
| **Anguilla** | 001-809-497 | 00 500 809 497 | Fernamt | vierst. Ruf.Nr. |
| **St. Martin** | 005 96 | 00 596 | Fernamt | sechsst. Ruf.Nr. |
| **St. Maarten** | 005 99-5- | 00 599-5- | 900599-5- | fünfst. Ruf.Nr. |
| **St. Barthélemy** | 005 90 | 00 590 | Fernamt | sechsst. Ruf.Nr. |
| **Saba** | 005 99-4- | 00 599-4- | 900 599-4- | vierst. Ruf.Nr. |
| **St. Eustatius** | 005 99-3- | 00 599-3- | 900 599-3- | vierst. Ruf.Nr. |
| **St. Christopher** | 001-809-465 | 00 500 809 465 | Fernamt | vierst. Ruf.Nr. |
| **Nevis** | 001-809-465 | 00 500 809 465 | Fernamt | vierst. Ruf.Nr. |
| **Barbuda** | 001-809-46 | 00 500 809 46 | Fernamt | fünfst. Ruf.Nr. |
| **Antigua** | 001-809-46 | 00 500 809 46 | Fernamt | fünfst. Ruf.Nr. |
| **Montserrat** | 001-809-491 | 00 500 809 46 | Fernamt | vierst. Ruf.Nr. |
| **Guadeloupe** | 005-90 | 00 590 | Fernamt | sechsst. Ruf.Nr. |
| **Dominica** | 001-809-44 | 00 500 809 44 | Fernamt | fünfst. Ruf.Nr. |

## Briefsendungen

Die Laufzeiten der Post von und nach Europa sind unterschiedlich und können bis zu drei Wochen betragen.

## Radiotelefon

**Saba Radio**

Die Amtsräume von Saba Radio befinden sich im Ort The Bottom. Unter persönlichem Einsatz von Chester Zarges, dem Manager von Saba Radio, werden dort – 24 Stunden am Tag – Telefongespräche angenommen und weitervermittelt, Auskünfte erteilt, Wettervorhersagen ausgestrahlt, Seenotfälle koordiniert. Wenn eine Yacht auf einem Riff festsitzt und Schlepperhilfe braucht, ruft man Saba Radio auf Kanal 16. Die Radio Operators sind erstklassig ausgebildet, freundlich und hilfsbereit. Der normale Verkehr und die Telefongespräche werden auf Kanal 26 abgewickelt, Anrufkanal und Notfrequenz ist Kanal 16. Der große Vorteil von Saba Radio besteht darin, daß sich die Antennenanlagen auf dem Mt. Scenery 872 Meter über Meereshöhe befinden und dadurch Reichweiten von 85 bis 100 sm erzielt werden.

Bei wichtigen Schiff/Schiff-Gesprächen übernimmt Saba Radio die *Relais-Funktion* und stellt kostenfrei über große Distanzen die Verbindung zum gerufenen Schiff her.

Yachten mit Rufzeichen (call sign) können unbürokratisch nach den üblichen Gebührensätzen Telefongespräche See/Land abwickeln. Charteryachten müssen vorher das Abrechnungsverfahren mit dem Vercharterer und Saba Radio festlegen.

Erwartet man eine wichtige Nachricht auf See, so ist es zweckmäßig, Saba Radio über den täglichen Standort zu informieren. Telefonnummer von Saba Radio (von Deutschland aus): 0 05 99-4-32 11.

**Cellular-Telefon**

Ähnlich wie auf den Virgin Islands sind jetzt auch die Charteryachten der führenden Chartergesellschaften auf den Leeward-Inseln mit einem Cellular-Telefon (boat phone) ausgestattet. Diese moderne Technologie auf dem Telekommunikationssektor ermöglicht das Telefonieren in beide Richtungen ohne Einschaltung einer Küstenfunkstelle bei sehr guter Verständigung.

**Küstenfunkstellen**

| Insel | Station | Frequenz kHz | UKW | Dienstzeit | Bemerkungen |
| --- | --- | --- | --- | --- | --- |
| Martinique (Fort de France) | FFP | 2182 2545 | 16/26 27 | 0700 1900 | Hafenamt / Kanal 12 |
| Guadeloupe (Pointe-à-Pitre) | FFQ | – | 16/25 | 0700 1900 | Hafenamt / Kanal 12 |
| St. Thomas | WAH | 2182 2506 | 16/24 25/28 84/85/87 | 0700 2000 | Mayday H 24 |
| Saba | PJS | – | 16/26 | H 24 | |

Bei Antragstellung wird unter Angabe der Kreditkartendaten/Name mit CCT (boat phone) ein Vertrag über einen ganz bestimmten Zeitraum abgeschlossen. Danach bekommt man sofort eine Telefonnummer zugeteilt.

Die Handhabung ist denkbar einfach: Eingetippt wird die Vorwahlnummer national oder international und anschließend die Anschlußnummer des Teilnehmers. Selbstverständlich bietet dieses System auch die Möglichkeit eines direkten Anrufs von Deutschland zum Schiff.

Bei Inanspruchnahme erfolgt die Gebührenabrechnung über das Konto der Kreditkarte, ansonsten fallen keine Neben-/Grundgebühren an. Weitere Informationen erteilen die Chartergesellschaften oder CCT (boat phone); St. Maarten Tel. 2 21 00, Antigua Tel. (809) 4 62-50 51.

## Yacht-Etikette

Vor dem Einlaufen in den Hafen wird „Q" an der Steuerbordsaling unter der Gastlandflagge gesetzt, ganz gleich, ob man auf Reede vor Anker geht oder an der Pier festmacht.

Die Behörden gehen davon aus, daß der Skipper nach dem Aufklaren der Yacht sofort das Einklarieren vornimmt. Um Ärger aus dem Wege zu gehen, bleibt die Crew bis zum Abschluß der Formalitäten an Bord. Die Amtsstuben von Customs and Immigrations sollte man zumindest mit T-Shirt und Shorts betreten, die Badehose ist bei den Behörden nicht gern gesehen.

## Formalitäten / Ein- und Ausklarieren

Deutsche benötigen für die Einreise einen mindestens noch sechs Monate gültigen Reisepaß; kein Visumzwang.

Im Gegensatz zu den Virgin Islands müssen hier die behördlichen Auflagen in bezug auf Ein- und Ausklarieren strikt befolgt werden, sonst gibt es garantiert Ärger.

Je südlicher man segelt, um so komplizierter wird die Prozedur, und der Formalismus nimmt zu. Ich möchte deshalb eine Passage aus meinem Logbuch vom 14. 4. 1982 mit Tagesziel St. Vincent Kingstown zitieren, dem eigentlich nichts mehr hinzuzufügen ist:

„So wird das Ein- und Ausklarieren von Segelyachten gleichgestellt mit Frachtschiffen oder großen Musikdampfern. Fragen, ob Waffen oder Leichen an Bord sind oder nach ansteckenden Krankheiten, die möglicherweise den Fortbestand der Bevölkerung der einen oder anderen Insel gefährden könnten, müssen mit dem gebührenden Ernst beantwortet werden, wobei nicht selten ein gewisses Maß an Arroganz, vielleicht sogar auf beiden Seiten, akzeptiert werden muß. Die zum Teil gesalzenen Gebühren sollen dazu beitragen, die Wirtschaft des jeweiligen Staates anzukurbeln; jedoch sind Zweifel, ob dies zum Erfolg führen wird, angesichts der teilweise fehlenden Quittungen durchaus angebracht."

Yachten müssen die üblichen Schiffspapiere bzw. den Chartervertrag mitsichführen; sie sind auf Verlangen vorzuzeigen. Vorgelegt werden müssen die Pässe der gesamten Crew, die Ausklarierung aus dem zuvor besuchten Staat und die Crewliste. Die Crewliste soll, neben den Namen aller Crewmitglieder, deren Geburtsdatum, Nationalität, Paßnummer und die Position innerhalb der Mannschaft (z.B. Captain oder Master, Navigator, First Mate, Cook, Boatswain) enthalten. Die Bezeichnung „Passagier" kann zu unliebsamen Mißverständnissen und Fragen führen; außerdem ist die Beförderung von Passagieren auf einigen Inseln mit Kosten (Steuer, cruising tax) verbunden. Grundsätzlich bekommt man beim Ausklarieren ein Clearance Paper ausgestellt, das bis zum nächsten Einklarieren ein wichtiges Dokument ist.

# Medizinische Informationen

**Sonnenbrand**

Die größte Gefahr für Nordeuropäer in der Karibik ist die tropische Sonne. Besonders auf See, wo ständig eine frische Brise weht, merkt man den Sonnenbrand erst, wenn es zu spät ist. Wichtig ist, am Anfang den Körper nicht länger als 15 bis 20 Minuten der direkten Sonnenstrahlung auszusetzen. Neben dem üblichen Sonnenschutz durch Cremes mit hohem Lichtschutzfaktor sollte in den ersten Tagen das Biminidach auch bei der Fahrt gesetzt bleiben. Während Schnorchelausflügen ist ein Hemd mit langen Ärmeln zweckmäßig. Hoher Wasserverlust durch Schwitzen verursacht Muskelkrämpfe und Kopfschmerzen, dagegen hilft nur, viel Wasser zu trinken.

**Diarrhoe**

Die Wasserversorgung wird auf einigen Inseln mit Regenwasser sichergestellt, das in Zisternen lagert, bis es zum Verbraucher gelangt. Die hygienischen Verhältnisse in und um die Versorgungssysteme, die Schiffstanks eingeschlossen, entsprechen nicht den europäischen Maßstäben.
Um Risiken, vor allem Durchfall, zu vermeiden, sollte man das Wasser von Bord nur zum Duschen und Spülen benutzen und zum Trinken und Kochen Tafelwasser (purified water) verwenden, das in den Supermärkten preisgünstig zu haben ist.

**Seeigelstacheln**

Man geht niemals ohne Badeschuhe bzw. Schwimmflossen in den flachen Riffgewässern schnorcheln oder baden! Abgebrochene Seeigelstacheln sitzen meist tief im Fleisch, und dagegen hilft nur eine ausgeglühte spitze Nadel und Geduld beim Auspulen. Ohne Gewähr gebe ich das Rezept eines Segelkameraden gegen Seeigelstachel weiter; er sah es auf Mauritius funktionieren:
Auf die betroffene Stelle ein möglichst grünes Stück Papaya binden. Nach ein oder zwei Tagen sind die Stacheln aufgelöst. Vielleicht liegt das Geheimnis in dem „Papain" genannten Enzymgemisch, das diese Früchte enthalten. Eine Nachbehandlung mit Antibiotikapuder ist auf jeden Fall anzuraten.

**Ciguatera (CTX Cignatoxin)**

Der Name dieser gefürchteten Krankheit, die durch den Genuß bestimmter Fische hervorgerufen wird, entstammt einer kubanischen Bezeichnung für das Gift von Seeschlangen. Überall auf der Welt, wo es Riffe gibt, kann es auch Ciguatera geben. Wissenschaftliche Untersuchungen haben ergeben, daß sich auf abgestorbenen Korallen Algen ansiedeln können, die ein Toxin ausbilden. Manche Fische fressen diese Algen, und das Gift gelangt dann direkt oder durch die Nahrungskette über den Barrakuda oder andere Speisefische zum Menschen.
Während der Inkubationszeit von 6 Stunden verspürt man ein Kribbeln an Mund und Zunge und Hautjucken, auch treten neben anderen Symptomen die Umkehr bestimmter Sinneswahrnehmungen auf. So wird kalt als heiß empfunden und umgekehrt. Im weiteren Verlauf der

# Restaurant-Übersicht

## Restaurant-Übersicht

| Insel | Ort | Restaurant | H–H | Spezialitäten | Telefon | VHF |
|---|---|---|---|---|---|---|
| **Anguilla** | Road Bay | Riviera | 5–6 | franz. | 28 33 | 16 |
| | | Barrel Stay | | Fisch-Lang. | 28 31 | |
| | | Ships Galley | | Fisch | 20 40 | 16 |
| **St. Martin** | Marigot | Le Boucanier | | | 87 59 83 | |
| | Port Royale | Les Coctiers | | | | |
| | | Cafe du Paris | | | | |
| | Grand Case | Fish Pot | | Fisch-Lang. | 87 50 88 | |
| | | Chez Martine | | franz. | 87 51 59 | |
| | Anse Marcel | La Belle France | | | 87 33 33 | |
| | | Le Privilege | | | 87 37 37 | |
| **St. Maarten** | Great Bay Marina | Chesterfields | 5–7 | westindisch | 2 34 84 | 69 |
| | Bobby's Marina | Seafood Galley | 5–6 | Fisch | 2 32 53 | |
| | | Harbour Light | | westindisch | 2 35 04 | |
| | | Green House | | | 2 29 41 | |
| | Philipsburg | West Indian Tavern | 4–6 | Lang. | 2 29 65 | |
| | | Callaoo | 5–6 | | | |
| | Oyster Pond | Captain Olivers | | franz. | 87 30 00 | 16/67 |
| **St. Barthélemy** | Gustavia | L'Hibiscus | | franz. | 27 64 82 | |
| | | Au Port | | franz. | 27 62 36 | |
| | | Coté Jardin | 6:30-8 | ital. | 27 70 47 | |
| **Saba** | The Bottom | Bongaloo | | | | |
| | Windwardside | Captains Quarter | | | 22 01 | |
| **St. Eustatius** | Oranjestad | Old Gin House | | Fisch-Lang. | 23 19 | |
| **St. Christopher** | Basseterre | Ocean Terrace Inn | | | 23 80 | 16 |
| | | Fishermans Wharf | | Fisch | 27 54 | 16 |
| | | The Spice of Life | | indisch | | |
| | Frigate Bay | The Anchorage | | Fisch | | |
| **Nevis** | Charlestown | Unellas | | Fisch | | |
| **Montserrat** | Plymouth | Emerald | | Fisch-Lang. | 38 21 | |
| **Antigua** | Engl. Harbour | Copper and Lumber | 6–7 | | 3 10 58 | 68 |
| | | Admirals Inn | | | 3 10 27 | |
| | | Colombos | | ital. | 3 14 52 | 68 |
| | St. John's Harb. | 18 Karat | | westindisch | 2 00 16 | |
| | Dickenson Bay | Coconut Grove | | Fisch-Lang. | 2 33 56 | |
| | | Anchorage | | | 2 02 67 | |
| **Guadeloupe** | Marina du Bas-du-Fort | La Gargantua | | Grill | 90 97 32 | |
| | | Le Sextant | | creol.-franz. | 90 92 22 | |
| | | La Brasserie du Port | | Fisch | 90 92 55 | |
| **Îles des Saintes** | Bourg des Saintes | Le Foyal | | Cuisine Suisse | 99 50 92 | |
| | | La Pizzeria | | Fisch-Pizza | 99 53 01 | |
| **Dominica** | Portsmouth | Bungalow Beach | | deutsch | 5 50 66 | |
| | Roseau | Guiyave | | westindisch | 8 29 30 | |

H–H: Happy Hour / Lang: Langusten

## Service-Übersicht

| Insel | Ort | Bezeichnung | VHF | Marina | Wasser | Treibstoff | Eis | Reparatur-Dienste | Yacht-Zubehör | Proviant | Telefon | Bank | Restaurant | Einklarieren | Telefon |
|---|---|---|---|---|---|---|---|---|---|---|---|---|---|---|---|
| **Anguilla** | Road Bay | Ankerbucht | 16 | | | X | | | X | X | X | X | X | |
| | Blowing Pt. | Hafen | | | X | X | | | X | | | | X | |
| **St. Martin** | Baie Marigot | Ankerbucht | | | | X | X | X | X | X | X | X | X | |
| | Port Royal | Hafen | 16 | X | X | | X | X | X | X | X | X | X | |
| | Anse Marcel | Port Lonvilliers | 16/11 | X | X | X | X | | X | X | X | X | X | 87 31 94 |
| | Oyster Pond | Ankerbucht | 16/67 | X | X | X | X | X | | X | X | | X | 87 30 00 |
| **St. Maarten** | Groot Baai | Ankerbucht | 16 | | X | X | X | X | X | X | X | X | X | 4 42 26 |
| | | Bobbys Marina | 16 | X | X | X | X | X | X | X | X | X | X | 2 23 66 |
| | | Great Marina | 69 | X | X | X | X | X | X | X | | | X | 2 21 67 |
| | Simson Bay | Port de Plaisance | 67 | X | X | X | X | X | X | X | | | X | 4 52 22 |
| | | Yacht Club | 16 | X | X | X | X | X | X | X | | | X | 4 27 99 |
| **St. Barthélemy** | Gustavia | Hafen | 16 | | X | X | X | X | X | X | X | X | X | 27 66 97 |
| **(St. Barths)** | Baie St. Jean | Ankerbucht | | | | | | | | X | X | | X | |
| **Saba** | Fort Baai | Hafen | 16/11 | | X⁺ | X⁺ | | | | X | | | X | 32 95 |
| **St. Eustatius** | Oranje Baai | Hafen | 14/16 | | | | X | | | X | X | X | X | 22 05 |
| **St. Christopher** | Basseterre | Hafen | | | X⁺ | X⁺ | X | | | X | X | X | X | |
| **(St. Kitts)** | Frigate Bay | Ankerbucht | | | | | | | | | X | | | |
| **Nevis** | Charlestown | Ankerbucht | | | X⁺ | X⁺ | X | | | X | X | X | X | |
| **Montserrat** | Plymouth | Hafen | | | X⁺ | X⁺ | | | | X | X | X | X | |
| **Antigua** | Engl. Harbr. | Hafen | 16/68 | | X | X | X | X | X | X | X | X | X | |
| | | Antigua Sails | | | | | | X | X | | | | | | 3 15 27 |
| | | A + F Sails | | | | | | X | X | | | | | | 3 15 22 |
| | | Elektronik | | | | | | X | X | | | | | | 3 15 28 |
| | Falmouth Hbr. | Catamaran | 16/68 | X | X | X | X | X | X | X | | X | | 3 15 06 |
| | Parham | Crabbs Marina | 16/68 | X | X | X | X | X | X | X | | X | X | 3 21 13 |
| | Mamora Bay | St. James's | 68 | X | X | X | X | | X | X | | X | | 3 14 30 |
| | Flughafen | MET (Wetter) | | | | | | | | | | | | | 4 62-30 17 |
| **Guadeloupe** | Anse Deshaies | Ankerbucht | | | | X | | | | X | X | | X | X | |
| | Basse Terre | Reviere Sens | | X | X | X | | | | X | | | X | | |
| | Pointe-à-Pitre | Bas du Fort | 16/9 | X | X | X | X | X | X | X | X | X | X | 90 84 85 |
| | St. François | Marina | 16 | X | X | X | X | | | X | X | X | | |
| **Marie Galante** | Saint Louis | Reede | | | | | | | | X | X | | X | |
| **Îles des Saintes** | Bourg des Saintes | Ankerbucht | | | | | | | | X | X | | X | |
| | Baie du Marigot | Werft | | | X | X⁺ | | X | X | | | | | 99 53 15 |
| **Dominica** | Portsmouth | Prince Rupert Bay | | | X⁺ | | | | | X | X | X | X | X | |
| | Roseaû | Reede | | | | | | | | X | X | X | X | X | |

⁺ im Kanister

Krankheit kommt es zu Lähmungserscheinungen, Krämpfen und Sehstörungen, in Einzelfällen mit tödlichem Ausgang. Eine medizinische Konsultation ist bereits beim Auftreten der ersten Symptome dringend erforderlich.
Besonders in den Gewässern um die Insel Redonda, die zum Staat Antigua und Barbuda gehört, ist Fisch stark belastet.

**Manchineelbaum**

Alles an diesem Baum ist giftig, besonders die Blätter und Früchte, die wie kleine grüne Äpfel aussehen. Die Kariben haben daraus ihr Pfeilgift hergestellt. Bei Regen sollte man sich nicht unter den Baum stellen, weil sonst starke Hautverätzungen zu befürchten sind. Der Baum ist dicht belaubt; die ovalen, sattgrünen Blätter haben eine gelbe Mittelader.

# Charterinformationen

Der Standard der Charterbranche in der Karibik in bezug auf Schiffe und Ausrüstung ist sehr hoch. Die professionellen Betriebe arbeiten effizient und sind gut durchorganisiert, was dem Kunden natürlich zugute kommt.

**Bareboat-Charter**

Will man die karibischen Gewässer auf eigenem Kiel befahren und hat man es geschafft, eine kleine Crew zusammenzustellen, bietet sich Bareboat-Charter an mit dem Vorteil, daß man seinen speziellen Schiffstyp aussuchen und den Törnplan individuell gestalten kann. Wenn die Crew von vorangegangenen Törns auf der Ostsee oder im Mittelmeer zudem noch eingespielt ist, kann sie sich schnell auf Zeit, Wetter und Revier einstellen, und das Segeln in dem neuen Revier wird zum unvergeßlichen Erlebnis.

**Charter- und Vertragsvorbereitung**

Die großen Charterbetriebe in der Karibik sind im Besitz amerikanischer oder französischer Unternehmensgruppen mit Sitz in den USA bzw. Frankreich und verfügen über eine solide Kapitalbasis. Vertreten werden diese Unternehmen in Deutschland durch Charteragenturen, die berechtigt sind, Charterverträge entsprechend auszufertigen.
Die Charterflotten sind auf die Stützpunkte der einzelnen Inseln verteilt, der jeweilige Stützpunktleiter ist zuständig für die Übergabe einer mängelfreien und gemäß Ausrüstungsliste vollständigen Yacht. Die Verantwortung für die Übernahme einer seetüchtigen Yacht liegt jedoch einzig und allein beim Skipper.
Um Probleme nicht erst aufkommen zu lassen, sollte man sich vor diesem Hintergrund über die in Deutschland ansässige Agentur vor Vertragsabschluß Informationen über Revierbeschränkungen, Aktionsradius, Schiffsriß und Ausrüstungsliste einholen und sich einen Mustervertrag geben lassen.

**Sicherheit an Bord**

Wie bereits an anderer Stelle in diesem Buch erwähnt, sind viele Havarien in der Karibik auf Fehler beim Ankern oder auf mangelhaftes Ankergeschirr zurückzuführen. Wichtig sind zwei für die Schiffsgröße richtig dimensionierte Anker mit entsprechenden Ketten und Trossen. Auf der Yacht muß eine Ankerwinsch montiert sein, die auch funktioniert, oder der Bandscheibenschaden ist programmiert. Liegt man viel vor Anker, muß man auch oft an Land – und sei es nur zum Einklarieren. Ein Dingi (in das alle Crewmitglieder passen) mit einem zuverlässigen Außenborder ist deshalb ungeheuer wichtig.

Das UKW-Sprechfunkgerät darf auf keiner Yacht fehlen. An Bord vorhandene Rundfunkgeräte sind vielfach kaputt. Aus Sicherheitsgründen schlage ich vor, von Deutschland ein kleines Gerät für Mittelwelle und UKW und einen Satz Reservebatterien mitzunehmen, um die Wetterberichte der öffentlichen Rundfunkstationen abhören zu können.
Falls im Vertrag nicht besonders erwähnt, sollte man sich das Vorhandensein von gültigen Seekarten schriftlich bestätigen lassen, die Mitnahme einer BSH-Seekarte ist zweckmäßig.

**Komfort**

Hierzu zählt in erster Linie eine leistungsfähige Eisbox, am besten mit Kompressor, über den Schiffsdiesel angetrieben.
Ein Sonnensegel oder „Bimini" darf in der Ausrüstungsliste nicht fehlen.
Wasser ist nicht überall zu bekommen. Das Duschen ist oft nur an Bord möglich, und Gläser werden täglich mehrmals gespült. Bei der Auswahl des Schiffes ist daher die ausreichende Tankkapazität ein wichtiges Kriterium.

**Kojencharter**

Das Zuchartern ist für Singles oft die einzige Alternative, die herrliche Inselwelt zu erforschen. Als Deckshand angeheuert, hat man keine Verantwortung und ist befreit von den Formalitäten mit den Behörden und den Arbeiten unter Deck. Ein Nachteil besteht darin, daß man die Route nicht bestimmen kann und wenig Einfluß auf den Terminplan hat.
Die meisten Yachten, die über deutsche Agenturen angeboten werden, sind in sehr gutem Zustand, die Stammcrew besteht aus dem reviererfahrenen Skipper und seiner Frau (oder Freundin), die ausgezeichnete Mahlzeiten serviert.

Hat man einen Kojencharter über ein Inserat privat gefunden, und hat man auch noch das Pech, auf ein Gammelschiff zu geraten, dann kann der Törn zum Horrortrip werden. Die ursprüngliche Vorstellung von einem Karibiktörn hat dann mit der Wirklichkeit nichts mehr gemein. Nicht selten gerät man in eine Blitzableitersituation zwischen der zerstrittenen Crew. Vorzeitiges Abmustern ist dann oft der einzige Ausweg.
Will man nicht das Risiko eingehen, daß man die Sonne nicht sieht, weil man unter Deck mit Gemüseputzen und Abwaschen beschäftigt ist, während Skipper und Freundin an Deck liegen, sollte man den Kojencharter über eine seriöse Agentur buchen, die über mehrere Jahre Erfahrung verfügt. Die dort beschäftigten Mitarbeiter verstehen ihr Fach und kennen die Schiffe und die Skipper.

**Diebstahl und Sicherheitsmaßnahmen**

Diebstähle und Delikte durch Kleinkriminalität, wovon besonders Yachtcrews betroffen sind, gibt es in der Karibik genauso viel wie im Mittelmeer oder woanders. Yachtzubehör, insbesondere Schlauchboote und Außenborder, verschwinden manchmal auf seltsame Weise, und der Verdacht fällt immer auf die Inselbewohner, besonders auf die Fischerfamilien. Alle Gegenstände, die zur Yacht gehören, auch Videokameras und Bargeld, sind gleichermaßen begehrt bei Einheimischen, Amerikanern, Europäern, Aus- und Umsteigern, deren Lebensunterhalt oft nicht definierbar ist.
Ich segle seit 14 Jahren in der Karibik und habe festgestellt, daß ein „Dingidiebstahl" oft nur eine falsch belegte Leine nach einem Rumpunch war. Maßnahmen gegen Diebstähle sind einfach und wirkungsvoll:
– Fremde Personen gehören weder an noch unter Deck.

- Der Außenborder ist während Abwesenheit und nachts hoch am Heckkorb und abgeschlossen.
- Vor Anker kommt das Dingi nachts an Deck.
- Wertsachen bleiben bei Abwesenheit nicht an Bord.

Bei Einhaltung dieser Grundsätze wurden bisher in der Karibik wie im Mittelmeer gute Erfahrungen gemacht.

# Anreise in die Karibik

Nur wenige Segler haben die Zeit und die Möglichkeit, auf eigenem Kiel die karibische Inselwelt von Europa aus anzusteuern.

Die meisten müssen in den Jet steigen und vor Ort chartern. Bei der Buchung über einen Billiganbieter wird oft vergessen, daß die etwas geringeren Flugkosten oft mit einem höheren Risiko und mehr Unbequemlichkeit verbunden sind. Rechnet man noch die Kosten für die Anreise zu den europäischen Anschlußflughäfen hinzu und für Hotelübernachtungen, die oft mit Umsteigeflügen verbunden sind, kann das vermeintlich Gesparte bald wieder weg sein.

Die Deutsche Lufthansa fliegt mehrmals pro Woche mit komfortablen Großraumjets von Frankfurt nonstop nach St. Maarten und Antigua. Alle Flüge enden in San Juan. Durch ein ausgeklügeltes Anschlußkonzept gelangt man nach dem Transatlantikflug mit den „Inselhoppern" der LIAT oder anderen Fluggesellschaften am gleichen Tag zu allen wichtigen Punkten der karibischen Inselwelt und seiner Charteryacht.

Ein Segeltörn wird oft mit einem Landurlaub kombiniert. Lufthansa kommt dem Reisenden mit dem Angebot des „Caribbean Explorer Airpass" entgegen, mit dem man auf Diensten der LIAT zu einem überaus günstigen Preis mindestens drei und höchstens sechs karibische Inseln besuchen kann.

### USA-Visasituation

Grundsätzlich sind die Bürger der Bundesrepublik Deutschland von der Visapflicht für die Einreise in die USA befreit. Diese Regelung gilt nur für die Einreise mit Linienflugzeugen und einigen Charterflugzeugen direkt ab Deutschland. Bei absehbaren Zwischenaufenthalten innerhalb der karibischen Inseln mit Weiterflug nach St. Juan/Miami mit einer örtlichen Fluggesellschaft empfehle ich dringendst das unkomplizierte Beschaffen eines US-Visums, sonst kann es passieren, daß der „Inselhopper" mit freien Sitzen startet und der Anschluß in den USA verpaßt wird.

# Das Korallenriff

Einen hohen Stellenwert nimmt bei allen Karibikseglern das Schnorcheln und Tauchen an Küsten mit Korallenriffen ein. Wenn das Schiff in einer stillen Bucht vor Anker liegt, hat man die Möglichkeit, in eine Traumwelt hinabzusteigen oder mit Maske und Schnorchel von der Wasseroberfläche aus Meerestiere in einer Artenfülle zu bewundern, die uns Nordeuropäern völlig fremd ist. Die Unterwasserwelt gehört zum karibischen Gesamtbild wie die Palmen am Strand; erst alle Eindrücke zusammen machen den Gesamtreiz der Karibik aus.

Das Kapitel über das Korallenriff aus meinem Buch „Virgin Islands" wird hier in unveränderter Form wiedergegeben, weil sich die Unterwasserwelt auf den Kleinen Antillen dem Sporttaucher überall in der gleichen Schönheit und Mannigfaltigkeit präsentiert, sei es im Horse Shoe Reef bei den Tobago Cays oder den Prickly Pear Cays nördlich Anguilla und den vielen kleinen Saumriffen der Virgin Islands.

Des einen Freud' ist des anderen Leid. Für die Seefahrer birgt das Riff Gefahren; dem Schnorchler und Taucher eröffnet sich in den lichtdurchfluteten Korallengärten eine Welt von ungeahnter Schönheit und Farbenpracht.

Man gleitet schwerelos über Miniaturfestungen mit Türmchen und Zinnen, schwimmt vorbei an Korallenstöcken, die an riesige Geweihe von Elchen erinnern, umgeben von zahllosen Fischen, und versinkt in das Zauberreich der Korallenwelt.

Es gibt unterschiedliche Korallenriff-Formationen, die sich abhängig von der Beschaffenheit des Untergrundes und der Meeresströmung gebildet haben.

Typische Riffbildungen in der Karibik sind das um eine Insel herum wachsende Saumriff oder das einer Küste vorgelagerte Wallriff, das oft wie eine Barriere vor der Einfahrt einer Sandbucht liegt und nur eine Durchfahrt offenläßt.

**Entstehung des Korallenriffs**

Grundvoraussetzung für die Entstehung eines Korallenriffs sind warmes und sauberes Wasser, Sonnenlicht und Sauerstoff und die kleinen fleißigen Korallenpolypen aus dem Geschlecht der Steinkorallen. Jeder einzelne Korallenzweig besteht aus einem toten Kalkskelett, das von einer lebendigen Schicht von Korallenpolypen überzogen ist, die aus dem vorbeiströmenden Wasser Nahrung aufnehmen und Kalk in Form eines Außenskeletts abscheiden und so den Korallenstock permanent vergrößern.

Ein Quadratmeter Polypenfläche kann pro Tag ca. 10 g Kalk produzieren. Den Kalk entnehmen die Polypen dem Meerwasser als lösliche Calciumionen, die sie in festen kristallinen Kalk verwandeln. Die Energiemengen, die bei ihrer enormen Bautätigkeit umgesetzt werden, müssen die Korallen aus ihrem Stoffwechsel, d.h. aus der aufgenommenen Nahrung holen. Ein Maß für die Effektivität des Stoffumsatzes ist der Sauerstoffverbrauch. Während der Mensch pro Stunde etwa 8 mg Sauerstoff für jedes Gramm seines Körpers verbraucht, benötigt der Korallenpolyp im Durchschnitt 20 mg.

Eine wichtige Rolle bei der Energiegewinnung der Korallen spielen bestimmte Grünalgen, die in Symbiose mit den Polypen leben und mittels Photosynthese zur Ernährung der Polypen beitragen. Je intensiver der Stoffwechsel der Polypenkolonie und je größer die kalkabscheidende Oberfläche ist, desto schneller wächst der Korallenstock, im Idealfall bis zu 25 cm pro Jahr bei einer Gewichtszunahme von 100 bis 1200 Prozent.

In einer gewaltigen kollektiven Leistung haben diese winzigen Baumeister im Laufe der Jahrhunderte ganze Korallenwälder und Rifflandschaften geformt.

Zierliche Korallenhecken und filigrane Blattfächer bilden mit den massiven Blöcken von Hirnkorallen und den geweihartigen Ästen der Elchhornkorallen zauberhafte Gärten aus Stein, die von unzähligen Meeresbewohnern bevölkert werden. Sie finden in dieser Unterwasserwelt ein reiches Nahrungsangebot und Schutz vor ihren Feinden in zahlreichen Schlupfwinkeln und Wohnhöhlen.

Jede Korallenart, jeder Schwamm und jede

Anemone bildet einen eigenen Mikrokosmos mit typischen Lebensgemeinschaften, die alle zum großen Ökosystem Korallenriff gehören.

**Die Bewohner des Korallenriffs**

Meistens sind es lose Bindungen, die nur einem Partner Vorteile bieten, seltener können beide Partner aus einer solchen Lebensgemeinschaft Nutzen ziehen. Dann handelt es sich um dauerhafte Symbiosen, die sich von Generation zu Generation bewährt haben. Bestes Beispiel dafür sind die Seeanemonen mit ihren Amphiprionfischen und die Symbiose zwischen Putzerfischen und ihren hygienebewußten Klienten.

Untersucht man einen Korallenstock genauer, erkennt man noch viele andere Bewohner. Zwischen den Ästen verborgen harren kleine Krebse, Krabben und bunte Fische, an den abgestorbenen Stellen wachsen Schwämme; Schnecken und Muscheln haben sich in den Korallenstock gebohrt. Selbst zwischen den bis zu 30 cm langen Stacheln der Seeigel, die an gebündelte Lanzen erinnern, haben kleine Fische Schutz gesucht. Doch das Bild der friedlichen Koexistenz trügt. Auch in dieser unmitterbaren Nachbarschaft gilt das Gesetz des Stärkeren, und der geübte Schnorchler sieht Jäger und Beute, Räuber und Gejagte. Sogar die wunderschön gefärbten Papageienfische sind Feinde der Korallenstöcke. Sie nagen mit ihren harten Schnäbeln Polypen und Algen von den Korallenstöcken und zermalmen dabei hörbar auch ganze Korallenstückchen, die sie als feinen Sand wieder ausscheiden. Amerikanische Taucher bezeichnen sie als „efficient recycling machines".

Viele der bunten Riff-Fische sind außergewöhnlich ortstreu und haben fest begrenzte Reviere. Bei Gefahr flüchten sie panikartig, kommen aber sofort wieder zu ihrer Heimkoralle zurück und verstecken sich in den filigranen Ästen. Nähert sich allerdings ein Artgenosse, der aufgrund seiner Farbe und Bewegungen sofort erkannt wird, so reagieren sie äußerst aggressiv, um den Eindringling aus dem Revier zu vertreiben. Dieses Verhalten kann man besonders gut in den flachen und geschützten Korallengärten in der Nähe des Riffdaches beobachten.

Das Riffdach selbst ist für den Schnorchler schlecht zugänglich, weil hier das Korallengestrüpp bis dicht an die Wasseroberfläche reicht und die Verletzungsgefahr sehr groß ist. Am besten nähert man sich dieser Zone des Riffs von der Lagune aus, weil hier das Wasser ruhiger ist und selten Strömungen vorhanden sind.

In dem alten, zum Ufer hin abgestorbenen Riffteil liegen tote Korallenskelette auf dem Meeresboden verstreut, ein mit Nischen und Spalten versehenes Hohlraumsystem, das Jungfischen, Krebsen und Seeigeln optimalen Schutz bietet. Im flachen warmen Wasser des Riffdaches herrscht lebhaftes Kommen und Gehen. Schmetterlingsfische und Lippfische kommen bei Flut von der Riffkante herein, um den dichten Algenbewuchs abzuweiden, nachtaktive Räuber verschlafen den Tag im Schutz versteckter Nischen und wandern nachts nach draußen zur Jagd.

Völlig anders als in der Lagune oder in Riffdachnähe präsentiert sich das Meeresleben an der äußeren Riffkante in seiner ganzen Fülle. In der sauerstoff- und planktonreichen Brandungszone gedeihen die Korallen besonders üppig, und die Artenvielfalt der bunten Riffbewohner ist besonders groß. Korallenbarsche, Anemonenfische, Papageienfische und Engelsfische bewegen sich zwischen Lichtreflexen mit einer Eleganz, die an eine Miniaturmodenschau erinnert.

**Schnorcheln und Tauchen**

Das Schnorcheln an der dem offenen Meer zugewandten Riffkante ist wegen der ständigen mehr oder weniger starken Brandung und der Strömung nicht ungefährlich. Beim Tauchen mit Flaschen ist die Gefahr geringer, daß man von der Brandung auf die scharfen Korallen geworfen wird, weil man tiefer in ruhigem Wasser operiert. Außerdem wird der Aktionsradius nach unten größer und damit auch die Entdeckungsmöglichkeiten.

Beim Hinabtauchen gehen die Farbtöne schon bald in Tiefblau über, die Felsspalten sind dunkel und sehen gefährlich aus, Lederkorallen bestimmen die Landschaft. Plötzlich ist man inmitten eines großen Schwarms Tausender von Riffbarschen, die auf der Flucht vor einem Hai oder Barrakuda sind. In den Spalten des steil abfallenden Riffs sieht man ab und zu noch die Languste, besser gesagt nur ihre Fühler, oder die großen Augen eines Fisches, der ängstlich aus seinem Schlupfloch schaut, oder den greisenhaften Kopf einer Muräne mit Kieferbewegungen, als ob sie an Atemnot litte.

Zwangsläufig konzentriert man sich beim Tauchen vor dem Riff mehr aufs offene Wasser, weil man von hier instinktiv die Gefahr erwartet, und so sieht man schon einmal einen kapitalen Barrakuda wie erstarrt vor dem tiefblauen Hintergrund stehen, oder, wenn man Glück hat, auch einen gemächlich dahinziehenden Hai.

Die Erfahrungen, die ich mit den Bewohnern der karibischen Unterwasserwelt gemacht habe, waren äußerst friedlich, abgesehen von einigen Verletzungen durch Kontakt mit nesselnden Korallen, die in ein bis zwei Wochen wieder verheilt waren.

**Tauchstationen auf den Leeward-Inseln**

| Insel | Firma | Telefon | Instructor | Lizenzerwerb | Leihgeräte | Bemerkung |
|---|---|---|---|---|---|---|
| **Anguilla Sandy Ground** | Dive Anguilla | – | X | – | F | Korallentauchen |
| **St. Maarten Mullet Bay** | Mahoo Watersports | 4 43 87 | X | P/N | F | |
| **St. Maarten Philipsburg** | Trade Winds Dive Centre | 2 21 67 | X | P/N | F/R | Wracktauchen (Proselyte) |
| **Saba Fort Baai** | Saba Deep | 9 94-33 47 9 94-22 01 | X | – | F/R/C | Marine Park |
| **St. Eustatius** | Dive Statia | 5 99 93-23 48 | X | – | F/R/C | Nachttauchen |
| **Dominica Roseau P.O. Box 63** | Dive Dominica | 4 48-21 88 | X | – | F | Rep. Service |
| **Dominica Roseau P.O. Box 5** | Castaways Diving Center | 4 49-62 44/45 | X | VDST | F/R | Korallen-/ Wracktauchen |

P: PADI  
N: NAUI  
VDST: Verband Deutscher Sporttaucher (deutscher Sporttauchschein)

F: Flasche  
R: Regulator  
C: Camera

# Anguilla

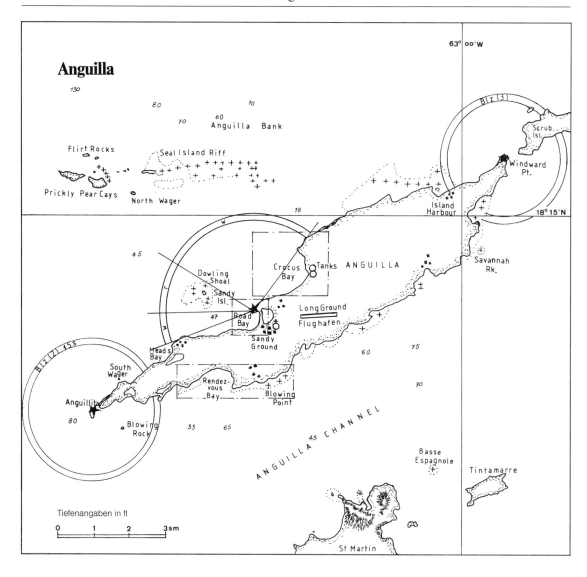

# Anguilla

Der Name dieser nördlichsten Leeward-Insel entstammt dem spanischen Wort anguila, zu deutsch Aal, und läßt sich möglicherweise ableiten aus der schlanken, gewundenen Form der Insel.
Diese langgestreckte, flache, von Korallenriffen umgebene Kalkinsel bedeckt eine Fläche von 88 qkm. Sie ist 14 sm lang, und an der breitesten Stelle in der Mitte mißt sie nur knapp 3 sm, die höchste Erhebung North Side hat 225 ft (68 m). Von hier aus hat man eine herrliche Rundumsicht zu den Buchten mit türkisgrünem Wasser und hinüber zu den Nachbarinseln. Deutlich erkennt man das riesige Seal Island Reef und weiter im Westen die flachen Inselchen Prickly Pear Cays und Dog Island. Denkt man nun an den Landfall bei Nacht, gegenan von den Virgin Islands kommend, dann läßt sich eine Gänsehaut, trotz der warmen Luft, nicht unterdrücken. Der südwestliche Teil der Insel variiert zwischen 10 und 30 ft (3 bis 10 m) Höhe, und wenn ein Hurrikan die Insel trifft, bedeutet das: Land unter.
The Valley ist Hauptort und Verwaltungssitz der Insel. Südlich davon liegt der Inselflughafen Long Ground für kleine Flugzeuge, die die tägliche Verbindung zu den größeren Leeward-Inseln herstellen.
Die Insel und das Drumherum ist für Segler, Taucher, Ruhesuchende und Individualisten eins der wahren Paradiese in der Karibik. Die Bewohner haben nicht mehr Geld als Regen, der vom Himmel fällt, und der ist äußerst knapp. Haustüren werden nicht verriegelt, und die wenigen Autobesitzer und Taxifahrer können ihren Autoschlüssel nicht verlieren, weil er immer im Zündschloß steckt. Yachtdingis mit Inhalt, die stundenlang am Strand liegen, sind tabu.
Die Entwicklung des Tourismus steht im Hintergrund, weil die Inselregierung fürchtet, die Folgeerscheinungen würden Anguilla mehr Schaden als Nutzen bringen.

**Staatsform**

Der britische Einfluß ist unverkennbar, das merkt man bereits am Linksverkehr auf den Straßen. Nach der französischen Herrschaft war die Insel von 1871 bis 1956 Teil des britischen Verwaltungsraums der Leeward-Inseln und ist seit 1958 der Westindischen Förderation angeschlossen.
Ins Rampenlicht der Weltöffentlichkeit geriet Anguilla 1967, als es im Zusammenhang mit Unabhängigkeitsbestrebungen anderer karibischer Inseln seine Selbständigkeit proklamierte. Zur Schadensbegrenzung versuchte das Colonial Office, die Inseln St. Kitts, Nevis und Anguilla gemeinsam enger an Großbritannien zu binden. Der Kolonialwarenhändler und Pastor Ronald Webster war anderer Ansicht und lehnte jegliche weitere Bevormundung ab. Die Rebellion hatte Fuß gefaßt, Sonderberichterstatter aus aller Welt füllten ganze Seiten internationaler Zeitungen, und durch das Fernsehen wurden Bürger in England und Amerika erstmalig davon in Kenntnis gesetzt, daß es Anguilla und seine 5700 Bewohner überhaupt gibt.
Das „Kuba-Trauma" war auch bei den Briten damals noch frisch, und so wurde die Invasion der Insel vorbereitet. Dafür waren die britischen Offiziere – Kakihose und Kniestrümpfe an sehnigen Beinen – in St. Kitts zuständig. Doch die Invasion fiel ins Meer, die Elitespringer der „Roten Teufel" und die Londoner Bobbies mußten sich fürs erste mit dem begnügen, was sie am Leibe trugen. Waffen kamen aber nicht zum Einsatz, es gab nur passiven Wider-

stand, keine Gefallenen und lediglich einen Verwundeten durch den Biß einer Schwarzen.
Noch heute ist Anguilla nicht ganz unabhängig. Es ist ein mit Großbritannien assoziierter Staat. Eine einseitige Unabhängigkeitserklärung Anguillas als Republik wurde 1980 von London nicht anerkannt. Immerhin hat das Inselvolk seit 1976 eine eigene Verfassung; die Farben der Nationalflagge sind Blau wie das Meer und Weiß wie die Strände. Wenigstens die Briefmarken sind weltweit anerkannt.

**Navigation**

Die Ansteuerung von Anguilla bei Nacht sollte man ausschließen, denn rundum sind der Insel äußerst gefährliche Korallenriffe, niedrige Inseln und Klippen vorgelagert; zudem ist die Befeuerung für dieses Seegebiet katastrophal.

Aus nördlichen Richtungen kommend, sind selbst bei sternklarer Nacht die unbefeuerte Insel Dog Island und die ostwärts angrenzenden Inselchen und das riesige Seal Island Reef bis auf extrem kurzen Abstand nicht zu erkennen. Das Feuer auf Anguillita hat eine Tragweite von max. 5 sm, Dog Island liegt etwa 8 sm, die Prickly Pear Cays und das Seal Island Reef liegen 6 sm vom Feuer entfernt. Das Feuer auf Windward Point ist ebenfalls schwach und war in der Vergangenheit unzuverlässig.
Die Navigation im inselnahen Bereich ist auch bei Tag wegen fehlender Peilpunkte auf der Insel nicht ganz einfach; besonders bei Ansteuerungen aus nördlichen oder nordwestlichen Richtungen erhebt sich das Hochland von St. Martin hinter der flachen Insel Anguilla, was die Abstandsschätzung erschwert.
Das Echolot sollte ständig beobachtet werden,

*Blowing Point Harbour*

die geringeren Wassertiefen der Anguilla Bank warnen rechtzeitig vor der gefährlichen Annäherung an Korallenriffe und kleine Inselchen.

## Die Südküste von Anguilla

Die Küste ist gesäumt von teilweise trockenfallenden Korallenriffen; die wenigen Buchten bieten nur Schutz bei ruhigem Passatwetter mit Winden aus Nordost. Blowing Rock, ein 6 ft (1,8 m) hoher Felsen etwa 0,8 sm südostwärts Anguillita, ist – je nach Lichtverhältnissen – spät zu erkennen.

## Blowing Point Harbour

Außer zum Ein-/Ausklarieren gibt es keinen Grund, in diesem Hafen vor Anker zu gehen; zudem ist die Einsteuerung nicht unproblematisch. Das Land hinter dem sogenannten Hafen bietet keine Peilpunkte für eine Standlinie zur sicheren Riffdurchfahrt.
Die Einsteuerung zwischen Sandy Pt. und dem Riff inmitten der Bucht sollte bei hoher Sonne und mit einem guten Mann im Bugkorb erfolgen.

### Hinweis

Die zwei Marker, die ein amerikanisches Seehandbuch angibt, waren 1992 nicht vorhanden. Die Wassertiefen hinter dem Riff variieren zwischen 6 und 10 ft.
Von Blowing Point aus besteht regelmäßiger Fährverkehr nach Marigot auf St. Martin. Neben den schnellen Fährschiffen machen gelegentlich noch Frachtschoner an der kleinen Pier fest. Die Versorgungsmöglichkeiten sind sehr beschränkt. Blockeis, Dosengerichte und Brot gibt es hinter dem Zollhaus bei Bennie & Sons.

## Die Nordwestküste von Anguilla

Die 15-ft-Linie verläuft dicht unter Land; South Wager, ein 20 ft (6 m) hoher Felsen liegt etwa 0,9 sm nordöstlich der Südwesthuk 300 m vor der Küste. Die Mead's Bay etwa 1,5 sm weiter nach Nordosten ist ein absolut ruhiger Tagesankerplatz mit herrlichem Sandstrand. Dowling Shoal, ein großflächiges, teilweise trockenfallendes Korallenriff mit der kleinen Insel Sandy Island ist eine unverkennbare Landmarke bei der Ansteuerung der Road Bay oder der benachbarten Inseln.

## Sandy Island

Dieser Sandfleck mit elf Palmen und weißem Strand, rundherum ein Korallenriff, ist eine tropische Insel wie aus dem Bilderbuch. Bei ruhi-

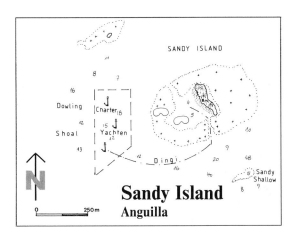

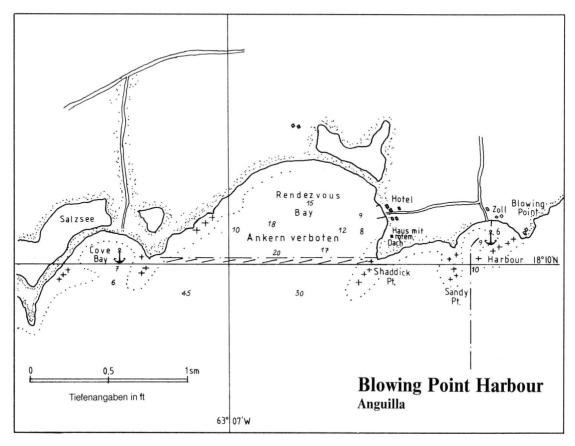

*Sandy Island, im Vordergrund das Korallenriff*

gem Wetter ankert man in dem von der Inselregierung ausgewiesenen Bereich auf der Westseite des Riffs und fährt mit dem Dingi durch die südliche Riffdurchfahrt an Land; die Passage ist an den hellen Sandflecken gut zu erkennen. Innerhalb der Lagune und am Riffsaum eröffnet sich in 1–2 m unter Wasser dem Schnorchler ein wahres Paradies mit tropischen Fischen und sonstigem Getier in glasklarem Wasser.

An der Inselbar, einer Bretterbude an Land, gibt es Erfrischungsgetränke und bei rechtzeitiger Anmeldung (Kanal 16/68, Ruf: Taxi Sandy Ground) wird nachmittags fangfrischer Lobster vom Grill serviert.

**Hinweis**

Die flache Stelle Sandy Shallow, etwa 300 m südöstlich der Insel, ist selbst bei ruhiger See schwierig auszumachen, besonders bei der Ansteuerung von Road Bay kommend muß man das Echolot im Auge behalten, weil der Strom hier unterschiedlich setzt und der Übergang vom tiefen ins flache Wasser sehr kurz ist.

# Prickly Pear Cays

Was das Tauchen und Schnorcheln angeht, ist die Unterwasserwelt rund um diese Inseln und entlang der Riffkante von Seal Island Reef nur noch vergleichbar mit den Tobago Cays in den Grenadinen.

Ein gegen Wind und Strom geschützter Ankerplatz liegt südwestlich Prickly Pear North auf etwa 10 bis 12 ft Wassertiefe. Der Ankergrund ist Fels und Korallengeröll mit großflächigen Sandflecken.

Die Durchfahrt zwischen Prickly Pear West und Prickly Pear East ist bei gutem Wetter möglich.

**Hinweis**

Während der Monate November bis Mai ist hier das Liegen vor Anker nur bei Tag zu empfehlen. Plötzlich einsetzende Grundseen können besonders bei Nacht eine absolute Gefahr darstellen.

# Road Bay

Die weiträumige Bucht ist gegen die vorherrschenden Winde bestens geschützt. Das Seal-Island-Riff im Norden verhindert, daß die Grundsee mit voller Wucht in die nach Nordwesten offene Bucht rollt. Trotzdem wurde Road Bay einer Vielzahl von Schiffen, die hier vor Anker lagen, zum Verhängnis. Schlechte Wetterbedingungen, fehlerhaftes Material und Fehler bei der Schiffsführung hatten auch in den letzten Jahren Verluste zur Folge.

Die ca. 200 m südlich von Road Pt. liegenden Wrackteile eines Versorgungsschiffes, das im Dezember 1983 hier auf Grund lief, sind noch immer eine Gefahrenstelle.

Kurze Zeit später brach in einem Sturm die Ankerkette der „Steardeap". Der Frachter steht heute hoch und trocken auf einem Riff im südwestlichen Teil der Bucht: sein Ankergeschirr liegt gut sichtbar in der Buchtmitte und ist beim Schnorcheln gut zu sehen.

Die Einfahrt in die Road Bay ist betonnt, die Wassertiefen in der Bucht variieren zwischen 6 und 25 ft. Die besten Ankerplätze liegen nördlich der zweiten grünen Tonne auf 13 bis 15 ft Wassertiefe. Der Ankergrund ist gut haltender Sand.

Road Bay ist zentraler Stützpunkt für Yachten in den Gewässern von Anguilla und Haupteinklarierungsort der Insel.

Ein amerikanisches Hafenhandbuch beschreibt

# Road Bay

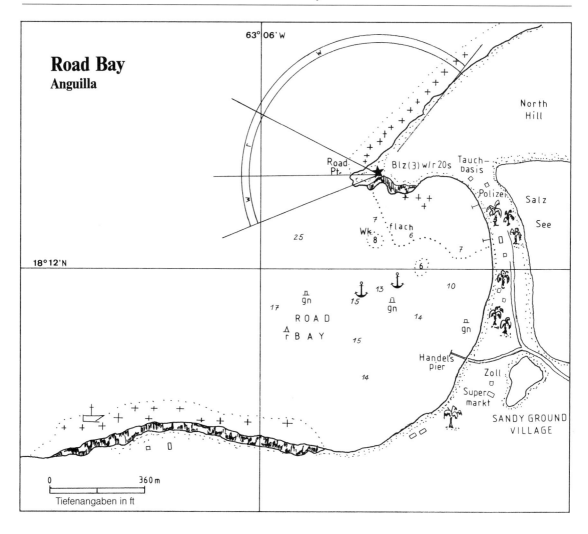

die Einklarierungsprozedur in Sandy Ground/ Road Bay als überaus kompliziert und bürokratisch – mit der Konsequenz, daß viele Westindienfahrer den Besuch dieser Insel aus dem Törnplan streichen. Vor diesem Hintergrund habe ich in Road Bay einklariert und gezielte Fragen an den Hafenkapitän und später an die Zollbeamten und Regierungsvertreter gestellt. Als zusammenfassendes Ergebnis der Gespräche kann ich nur festhalten, daß hier einklariert wird wie anderswo auf den Leewards auch. Mit einer mehr oder minder lässigen Höflichkeit werden die Formalitäten abgewickelt, danach ist man für weitere Fragen privater Natur offen. Wichtig ist allerdings, daß man einklariert, bevor man in einer Bucht von Anguilla oder der vorgelagerten Inseln vor Anker geht: anderenfalls besteht das Risiko einer umfangreichen Schiffsuntersuchung und empfindlicher Strafen. Grund: Die Behörden haben eine panische Angst davor, daß das Drogenproblem auf die Insel überspringen könnte.

*Road Bay*

**Einklarieren, Cruising Permit und Restriktionen**

Ausländische Charteryachten (ausgenommen Privatyachten) benötigen für das Befahren der Anguilla-Gewässer ein „Cruising Permit", das nach Tonnage und Aufenthaltsdauer berechnet wird. Die Gebühren wurden in den letzten drei Jahren drastisch erhöht, siehe Tabelle Seite 41! Mit dieser Maßnahme will man die Besucherzahl reduzieren und überschaubar halten.

Als weitere Maßnahme hat man Ankerrestriktionen im gesamten Bereich der Inselgewässer eingeführt, und das Ende ist noch nicht abzusehen. Ankerverbot besteht im gesamten Bereich der Rendezvous Bay; im Bereich Sandy Island, Crocus Bay und Dog Island ist das Ankern nur innerhalb der ausgewiesenen Stellen erlaubt (in den Plänen gekennzeichnet). Die Prickly Pear Cays sollen ebenfalls geschützt werden.

Das Einklarieren in Sandy Ground, Road Bay erfolgt bei Customs and Immigration (Zoll), wo auch das Cruising Permit ausgestellt wird. Hier erhält man auch die aktuellen Informationen bezüglich Anchoring Restrictions und mögliche Kennzeichnung der Ankerplätze.

Bei Ankunft in Road Bay außerhalb der Dienstzeiten muß man die Polizei über Kanal 16 über den Schiffsnamen und die Anzahl der Crew verständigen. Die Genehmigung für den Besuch eines Restaurants zum Abendessen wird in der Regel erteilt. Das Verlassen der Anguilla-Gewässer ohne Ausklarieren war 1992 erlaubt.

# Sandy Ground Village

Der kleine Ort ist vollkommen auf die Bedürfnisse der Yachties und Touristen eingestellt. Seine Attraktion beschränkt sich jedoch so ziemlich auf das Dinner am Abend in einem der Restaurants an der Wasserfront. Das „Riviera" ist der Seglertreff; hier werden nicht nur Informationen über Anguilla ausgetauscht. Didier (Di-

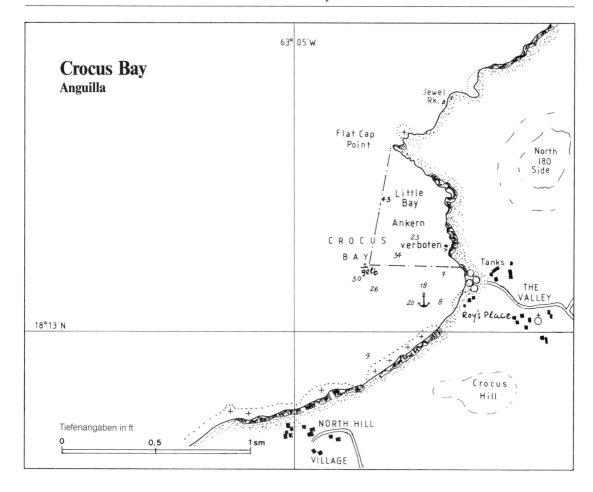

di) und seine Frau Sylvane haben das Kochen in Nizza gelernt, die provençalische Geschmacksrichtung wurde leicht westindisch verfeinert. Auch hinter der Bar ist Didi Spezialist: der „Petit Punch" hat es in sich. Spezialität hier und auch in den Restaurants nebenan ist der Crawfish, eine kleine, besonders delikate Hummerart. Das „Riviera" bietet als Service auch eine saubere Dusche, Eis und Windsurfer an. Die Preise in den Restaurants sind unterschiedlich, der Preisvergleich lohnt sich.

Die Versorgungsmöglichkeiten – außer Diesel und Wasser – sind gut, der Supermarkt ist die beste Einkaufsquelle, wenn man auf Fahrten mit dem Taxi oder einem Mietwagen verzichten will.

## Crocus Bay

Die nach Westen völlig offene Crocus Bay liegt nordöstlich Road Bay und war bis vor wenigen Jahren der Haupthafen der Insel. Die steilen Küstenabhänge werden unterbrochen von Buchten und weißen Sandstränden, am Ufer im Scheitel der Bucht stehen einige auffällige Öltanks.
Die Bucht ist frei von Untiefen; der Ankergrund ist gut haltender Sand. Will man im Nahbereich

der beiden schönen, naturbelassenen Badebuchten im nördlichen Teil der Crocus Bay vor Anker gehen, sollte der Abstand zum Land mindestens 150 m betragen, sonst werden die Fischer behindert, die frühmorgens ihre Netze zum Strand hin einholen.

Die Einsteuerung in die Bucht ist völlig problemlos, gute Ansteuerungshilfen sind Flat Cap Point, ein flacher Felsvorsprung im Norden, und die Öltanks inmitten der Bucht.

„Roy's Place", das einzige Restaurant in der Crocus Bay, ist spezialisiert auf Thunfisch und alles, was das Meer sonst noch bietet.

**Hinweis**

Die Bucht ist nur sicher bei Passatwetter ohne Grundsee. Zeitweise treten starke Strömungen auf, die das vor Anker liegende Schiff quer zum Wind stellen.

## Die Nordküste von Anguilla

Die Durchfahrt zwischen Seal Island Reef und Flat Cap Point ist 2 sm breit und trägt je nach Seekarte die Bezeichnung Seal Island Channel oder North Channel.

Der Tiefwasserkanal zwischen Shoal Point und den vorgelagerten Riffen ist auch bei gutem Wetter nur mit Maschine befahrbar, weil man Wind und Strom von vorn hat. Um Shawl Rock (Shoal Rock, 8 ft) und den vorgelagerten Riffen kommt es je nach Wetterlage zur Ausbildung von schweren Brechern.

## Island Harbour

Der Hafen liegt 1,5 sm ostwärts von Shoal Point und ist das Zentrum der Hummerindustrie. Die gesamte Bucht ist von vorgelagerten Korallenriffen umgeben, nach Auskunft örtlicher Fischer gibt es nur eine einzige Riffdurchfahrt. Da es kein zuverlässiges Kartenmaterial gibt, habe ich zuerst aus der Vogelperspektive, vom Hubschrauber aus unterschiedlichen Flughöhen versucht, mir ein genaues Bild zum Erstellen eines Hafenplanes zu verschaffen. Nach dem Flug war mir klar: Steuerfehler kann man sich hier nicht leisten. Darum sollte die erste Riffdurchfahrt nur mit einem ortskundigen Fischer als Lotsen erfolgen. Tiefgangbedingt (7 ft) mußte ich später auf die Riffdurchfahrt verzichten, weil es zwei 6-ft-Stellen zwischen dem äußeren Riffgürtel gibt.

*Island Harbour*

# St. Maarten / St. Martin

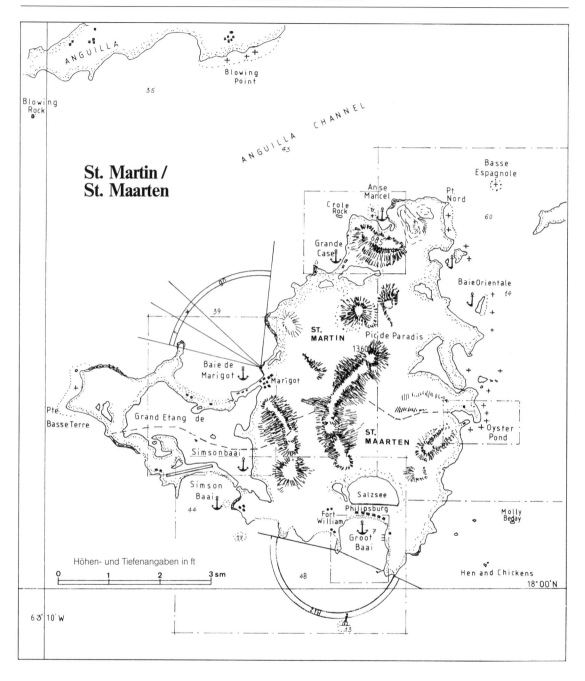

# St. Maarten / St. Martin

Die Insel St. Maarten/St. Martin, die im Norden einen französischen und im Süden einen niederländischen Teil hat, liegt etwa auf 18° nördlicher Breite und 63° westlicher Länge. Sie gehört als trockene Kalkinsel zum äußeren, nicht vulkanischen Bogen der kleinen Antillen und ist auch landschaftlich in zwei Regionen geteilt.

## St. Maarten

Der 34 qkm umfassende *niederländische Teil* im Süden ist eine Hügellandschaft, die zur Küste hin in eine flache Ebene mit Salzseen ausläuft.

Im Scheitel der Groot Baai liegt auf einer etwa 2 km langen Nehrung, die den Great Salt Pond vom Meer trennt, der Hauptort und Freihafen Philipsburg, Zentrum des touristischen Lebens, ein Mini-Hongkong, wo gegen Vorlage der Plastikkarte alle entbehrlichen Dinge wie Parfüm, Golduhren, Kameras, Alkohol und Kasinochips zoll- und steuerfrei zu haben sind.

Auf der Landverbindung zur Simson Baai im Nordwesten befindet sich der Juliana Airport mit seiner 2130 m langen Runway, der die Anbindung an den internationalen Flugverkehr mit größeren Flugzeugen ermöglicht.

**Staatsform**

Die Niederländischen Antillen, zu denen St. Maarten, St. Eustatius und Saba gehören, sind ein autonomer Teil des Königreichs der Niederlande. Sie entscheiden selbst über ihre inneren Angelegenheiten.

Für die auswärtigen Belange und die Verteidigung ist die Regierung des Königreichs in Den Haag zuständig. Der Gouverneur vertritt auf den Niederländischen Antillen die Krone.

Die Minister im Ministerrat werden vom Gouverneur im Einvernehmen mit den „Staaten" (der Volksvertretung) ernannt. Sie wählen den Ministerpräsidenten aus ihrer Mitte. Die Verwaltung eines Inselgebietes besteht aus dem Inselrat, dem Verwaltungsrat und dem Kommissar des Gouverneurs für das Inselgebiet.

Die Hauptstadt der Niederländischen Antillen ist Willemstad auf Curaçao.

Seit 1989 ist die Inselregierung allerdings bemüht, zumindest gegenüber der Zentralregierung im fernen Curaçao mehr Unabhängigkeit zu erlangen, um die Wirtschafts- und besonders die Tourismuspolitik freier gestalten zu können. Vorbild und Ziel der Bestrebungen ist der „Status Aparte", den Aruba bereits 1986 durchsetzen konnte.

## St. Martin

Der bergige, 54 qkm große *französische Teil* der nördlichen Inselhälfte, im Inselsprachgebrauch als Grande Terre bezeichnet, hat eine andere Landschaftscharakteristik als der niederländische Teil. Ein bewaldeter Bergrücken durchzieht fast in der Mitte die Insel von Nord nach Süd mit dem 1360 ft (415 m) hohen Pic du Paradis als höchster Erhebung.

Der Tourismusboom von St. Maarten hat hier noch nicht stark ausgestrahlt, und die Buchten sind noch naturbelassen, wenn man von der einst so ruhigen Anse-Marcel-Bucht absieht, wo heute ein riesiger Hotelkomplex steht, dem eine idyllische Marina angeschlossen ist.

Die Baie de Marigot mit dem Ort Marigot ist der Dreh- und Angelpunkt des Insellebens.

# St. Maarten / St. Martin

*Groot Baai und Ostküste von St. Maarten / St. Martin*

## Staatsform

St. Martin gehört zum französischen Département Guadeloupe. Marigot, der Hauptort des Inselteils, ist der Sitz der Unterpräfektur.

## Bevölkerung

Die amtliche Volkszählung am 1. Januar 1982 ergab für St. Maarten eine holländische Einwohnerzahl von 13.722 Seelen. Nichtamtliche Stellen bezifferten 1991 die Einwohnerzahl auf 26.000, wobei die weiße Bevölkerung stark in der Minderzahl ist.
1988 zählte St. Martin 7400 französische Staatsbürger; die gesamte Einwohnerzahl dürfte nur geringfügig höher liegen. Die ursprüngliche Kultur ist in den letzten 20 Jahren stark zurückgetreten, und es formt sich eine Bevölkerung mit ausgeprägt angelsächsischen Zügen.
Ethnisch unterscheidet sich die Bevölkerung nicht von der der Nachbarinseln. Sie besteht aus Weißen und Farbigen, und mit Ausnahme von Saba vollzieht sich ein Verschmelzungsprozeß der sozial schlechter gestellten weißen mit der schwarzen Bevölkerung.

## Geschichte

Daß Kolumbus die Insel auf seiner zweiten Westindienreise am Martinstag 1493 entdeckte und nach dem Heiligen benannte, gilt als nicht gesichert; auch sein Bordbuch enthält keinen Eintrag darüber.
Die Zeit bis etwa 1630 bleibt im dunkeln. Erst dann wurde die Insel häufig von niederländischen, englischen und französischen Schiffen angelaufen und entwickelte sich zum Stützpunkt für niederländische Kaperschiffe im karibischen Raum.
Als die Salzgewinnung sich als einträgliches Geschäft erwies, eroberten die Spanier 1633 St. Martin und bauten mit ihren deportierten niederländischen und französischen Gefangenen die Salinen aus. 15 Jahre später kam es zu einem

Aufstand der Gefangenen, und die spanische Herrschaft auf der Insel war zu Ende.

Jetzt wurde die Insel unter den Deportierten geteilt. Die Geschichte berichtet von einem Wettkampf, bei dem ein Franzose und ein Niederländer vom gleichen Punkt aus, wie beim Duell Rücken an Rücken stehend, nach dem Startschuß die Küste in entgegengesetzte Richtungen entlang marschiert seien. An der Stelle, wo sie sich wieder begegneten, wurde die Grenze gezogen. Der Franzose war offensichtlich schneller, denn der größere Teil der Insel gehört seit dieser Zeit zu Frankreich.

Erfreulicherweise wird diese schöne Legende der Teilung dadurch bestätigt, daß bei den Niederländern nie das Gefühl einer Benachteiligung oder gar eines Betrugs aufgekommen ist. Die Zweistaatlichkeit dieser Insel zeigt aus meiner Sicht der Welt vorbildlich, wie Menschen zweier Nationen über Jahrhunderte hinweg friedlich ohne Schlagbäume und Zollkontrolle miteinander leben können.

Die Engländer besetzten 1794 die Insel, ohne richtig Fuß zu fassen; 1799 wurden sie wieder vertrieben, 1808 kamen sie für kurze Zeit zurück. Nach Abschaffung der Sklaverei fiel die Insel wirtschaftlich in einen Dämmerschlaf, bis der Tourismus die Karibik entdeckte.

Mit der Eröffnung des Little Bay Hotels 1955 war die Ruhe auf St. Maarten dahin, und in den folgenden Jahren entwickelte sich der Tourismus zu einem Wirtschaftszweig, der die Insel stark veränderte.

Ähnlich wie auf Mallorca entstanden in den hübschen Buchten Hotelanlagen und Kleinbetriebe wie Autovermietungen, Wassersportgeschäfte und Boutiquen, die in Symbiose mit den Hotelbetrieben stehen. Nur einen Unterschied gibt es zu den Bettensilos entlang den Mittelmeerstränden: Die Gebäude und Gartenanlagen sind vorzüglich gepflegt und harmonisch in die Landschaft eingefügt.

**Navigation**

Der Insel sind große Korallenriffe und Inselchen vorgelagert; die westliche Küste ist rein. Im Süden ist die Groot Baai und im Westen die Baie de Marigot befeuert. Sie sind auch bei Nacht anzulaufen. Das Feuer Wchs.-Blz.w.gn. 6s auf dem Juliana Airport nördlich der Simson Baai ist von See spät auszumachen.

**Nordküste**

Der Weststrom zwischen Anguilla und St. Martin setzt unter normalen Wetterbedingungen mit ca. 1 kn, die Wellen sind kürzer und geringfügig höher als an der Westküste der Insel.

Rocher Crole (Crole Rock), ein schwarzer Felsen, an der Nordseite steil aus dem Meer auf 120 ft (36,6 m) aufragend, liegt als unverkennbare Landmarke ca. 1,5 sm westsüdwestlich von Pointe Nord und 2 Kabellängen westlich von Bell Point, der die Baie Grande Case im Norden begrenzt.

Eine blinde Klippe mit 4 ft Wasser liegt etwa 180 m nordöstlich Pointe Molly Smith, der Südwesthuk der Baie Grande Case.

**Hinweis**

Die Seekarte D 858 sollte auf diese Gefahrenstelle überprüft werden, was die Position betrifft. Eine Bojenmarkierung, wie im West Indies Pilot Vol. II angegeben, fehlte 1991.

Die Baie Grande Case ist ein beliebter Tagesankerplatz auf der Strecke von und nach Anguilla. Fast eine Meile weißer Sandstrand, guter Ankergrund, bunte Häuser im Westindienstil, 24 Kneipen im Ort, Fischgerichte und saftige Rippchen vom Grill sind Argumente, mit dem Dingi an Land zu gehen.

## St. Maarten / St. Martin

*Grande Case, im Vordergrund Crole Rock (o.); Anse Marcel, Marina Port Lonvilliers (u.)*

# Anse Marcel

Etwa 1,5 sm weiter nach Nordosten liegt die Ankerbucht Anse Marcel. Die schöne Bucht, umgeben von hohen Bergen, bietet in den Monaten zwischen April und November ausgezeichneten Schutz. Die Ansteuerung ist unproblematisch, gute Orientierungspunkte sind die vorgelagerten Inseln Rocher Crole und Rocher de l'Anse Marcel. Die Durchfahrt zwischen dem Rocher de l'Anse Marcel und der Südwesthuk ist nicht möglich.

Man ankert auf 9 bis 13 ft Wassertiefe; der Ankergrund ist gut haltender Sand.

Ganz im Süden der Bucht liegt, nur durch einen schmalen Kanal zugänglich, die perfekt geschützte Marina Port Lonvilliers.

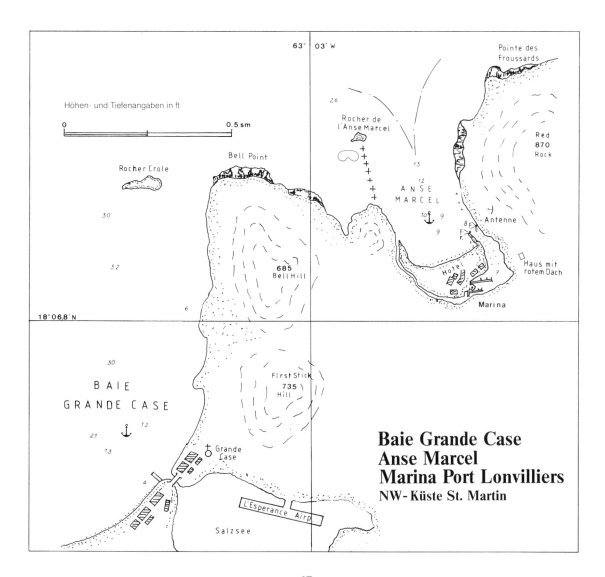

**Baie Grande Case**
**Anse Marcel**
**Marina Port Lonvilliers**
NW- Küste St. Martin

## Port Lonvilliers (Marina)

Im südlichen Teil der Bucht entstand 1986 Port Lonvilliers, eine Marina der Superlative mit 105 Plätzen für Yachten von 30 bis 70 ft Länge. Die Ruhe und die Atmosphäre hier sind nach Ankerliegetagen für die Crew eine wahre Wohltat, statt Straßenlärm hört man Vogelgezwitscher aus dem nahen Mangrovenwäldchen.
Die Marina wird straff geführt, alles ist verfügbar, die Service-Einrichtungen sind in gutem Zustand. Die Preise entsprechen allerdings amerikanischen Maßstäben. Pro Liegetag werden 80 US-Cent für jeden Fuß Schiffslänge berechnet; die Liegegebühr für eine 12-m-Yacht beträgt pro Monat 460,– US-$ und 1800,– US-$ für 6 Monate.
Wasser und Strom (220 V) werden über Zähler abgerechnet. Benzin und Diesel gibt es am Fuel Dock dienstags bis sonntags von 08.00 bis 12.00 und von 14.00 bis 18.00 Uhr. Die Duschen neben der Capitainerie sind von 07.30 bis 20.00 Uhr geöffnet (2,– US-$ / 10,00 FF).
Vor dem Einlaufen wird der Hafenmeister über Kanal 16 unter Angabe von Schiffslänge und Tiefgang gerufen. Er teilt einen Platz zu. Rufzeichen: Lonvilliers Marina. Port Lonvilliers ist Stützpunkt der Chartergesellschaften Nautor's Swan Charter, ATM und Petit Breton Nautique. Der Stützpunkt von Swan Charter, die 26 blitzsaubere und exzellent ausgerüstete „Schwäne" von 11–26 m mit und ohne Skipper verchartern, liegt hinter der Capitainerie. Ansprechpartner und Basisleiter ist Jeff Garcia, zu erreichen über Kanal 68, Telefon 87 35 48 (auch via Boat Phone), Telefax 87 35 50.
Nebenan liegen die 21 grün-weißen Yachten der ATM-Flotte. Auch hier profitiert der Kunde von der Professionalität des Basisleiters Georges Faucher, UKW-Kanal 77, Telefon 87 40 30, Telefax 87 40 31.

Petit Breton Nautique bietet neben Segelyachten auch Motorboote von 23 bis 43 ft an, Telefon 87 35 31, Telefax 87 39 15.

**Einsteuerung**

Die Hafeneinfahrt ist betonnt und befeuert (Blz.r.2,5s/Blz.gn.2,5s). Die Verantwortlichen in der Marina garantieren in der Mitte des Kanals und an den Stegen eine Mindestwassertiefe von 7,5 ft bei Niedrigwasser. Dock A (Mole) ist wegen der geringen Wassertiefe von 4,5 ft für Mehrrumpfboote reserviert. Festgemacht wird an Muringbojen und mit Heckleinen am Steg. Einklariert wird in der Capitainerie.

## Der Hotelkomplex

Das Hotel L'Habitation, eine farbenfrohe, im Kolonialstil neuerbaute Anlage, hat 1987 das Bild dieser Bucht stark verändert. Der erste Eindruck – Ghettoleben im Luxus – täuscht aber. Man fühlt sich auf Anhieb wohl.
Auch für Yachtcrews stehen Hotelanlagen wie Tennisplätze und der Swimmingpool zur Verfügung, und die französische Speise- und Weinkarte im Hotelrestaurant könnte aus Port Grimaud stammen; nur der Fisch ist frischer.
Wer „Null Bock" auf Hochseefischen, Hubschrauberrundflüge oder Landausflüge hat, kann sich auch faul an den weißen Sandstrand legen und den Tag vertrödeln.

## Basse Espagnole
## Tintamarre Island

Die gefährlichste Stelle bei der Navigation um die Insel ist die blinde Klippe Basse Espagnole.

# Basse Espagnole / Tintamarre Island

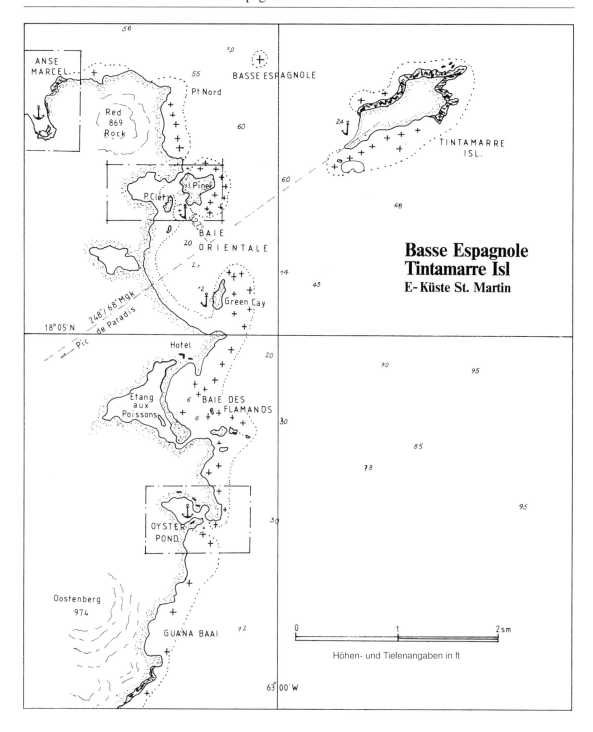

Dieser bis dicht an die Wasseroberfläche emporragende schmale Korallenfelsen liegt in der Durchfahrt zwischen Tintamarre und St. Martin ca. 1 sm ostnordostwärts von North Point und ist besonders bei Gegenlicht nicht zu erkennen. Erst bei mittlerem Seegang entdeckt man die Position an der brechenden See.

Die englische Seekarte 2038 zeigt möglicherweise die Gefahrenstelle etwas zu weit nördlich. Er liegt ungefähr auf der Position, die sich aus den rechtweisenden Peilungen 90° Nordhuk Tintamarre, 133° Südhuk Tintamarre, 150° Mitte von Ile Fourche und 223° Pic du Paradis ergibt.

Etwa 2 sm ostwärts von North Point liegt die flache, unbewohnte Insel Tintamarre. Der Südküste ist ein geschlossenes Riff vorgelagert; ein schöner Tagesankerplatz mit weißem Sandstrand liegt an der Westseite der Insel.

Ein Inselchen gibt es etwa 100 m südlich der Südwesthuk; nordwestlich davon liegen die Wrackteile eines Caribic Schooners, der 1985 auf Grund ging.

# Ostküste

An der gesamten Ostküste gibt es bei schlechtem Wetter keine ansteuerbare, sichere Ankerbucht. Der Küste sind Korallenriffe und Inseln vorgelagert, die auch bei gutem Wetter eine sichere Navigation erfordern.

Die Mollibeday Rots, eine felsige, etwa 100 ft (30,5 m) hohe Insel, ist gut auszumachen. Ungefähr 400 m ostsüdostwärts davor liegt eine gefährliche Klippe, die nur bei ruhiger See gut, sonst aber spät zu erkennen ist. Pelican (Guano) Cay liegt eine halbe Seemeile vor der Küste; diese 100 ft hohe, felsige Insel ist mit Büschen und einigen Bäumen bewachsen.

Die flachen Inselchen Hen und Chicken (Poulets) sind nur 15 ft (4,6 m) und 4 ft (1,2 m) hoch.

# Orient Bay / Baie Orientale

Die nach Osten offene Orient Bay ist als Ankerplatz besonders bei Individualisten und Ruhesuchenden beliebt. Orient Beach westlich von Green Cay (Caye Vert) ist der einzige FKK-Strand der Insel.

Als Geheimtip wird von den Charterskippern der Ankerplatz zwischen den Inseln Ile Pinel/Petite Clef im Nordteil der Bucht gehandelt. Die orangefarbene Boje, die eine 4-ft-Stelle in Ankerplatznähe markiert, wurde vom Bahama-Yacht-Service ausgelegt, ist aber möglicherweise vertrieben. Westlich von Ile Pinel hat sich 1987/88 eine Sandbank gebildet, die deutlich zu sehen ist. Man ankert am besten südwestlich der Südhuk der Ile Pinel auf etwa 15 ft Wassertiefe, der Ankergrund ist Sand und Seegras.

### Ansteuerung

Gute Peilpunkte bilden Tintamarre Island und der Funkmast auf dem Pic de Paradis. Die Einsteuerung erfolgt auf der Linie Südwesthuk Tintamarre–Pic de Paradis, Peilung Funkmast in 248° MgP/Rückpeilung Südwesthuk in 68° MgP. Der Kurs auf dem Kompaß von 248° wird bis in die Buchtmitte fortgesetzt. Von hier aus wird der Weg zum Ankerplatz mit größter Vorsicht unter Motor zurückgelegt.

Ein weiterer schöner und ruhiger Ankerplatz liegt westlich Green Cay auf 10–12 ft Wassertiefe.

Das Wasser rund um das kleine Paradies Green Cay schillert in einer Farbenpracht, daß selbst langjährigen Karibikseglern das Gin-Tonic-Glas aus der Hand fällt.

# Orient Bay

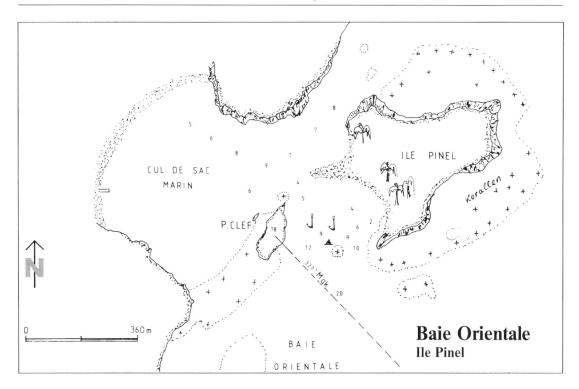

*Baie Orientale*

Auf der Leeseite des Riffs finden Schnorchler Idealbedingungen vor. Die Riff-Fische tragen Farben, als wären sie eben durch einen Tuschkasten geschwommen.

Bei gutem Wetter eignet sich der Ankerplatz auch zum Übernachten. Dann ist es zweckmäßig, einen Heckanker auszubringen.

Fast nach jedem tropischen Sturm verlagert sich die gut sichtbare, flache Sandbank im Südwesten der Insel geringfügig.

**Hinweis**

Der schmale Kanal zwischen Ile Pinel und St. Martin ist für Kielyachten nicht passierbar.
Je nach Seegang können Brecher das mitgeschleppte Beiboot bei der Einsteuerung vollschlagen.

# Oyster Pond

Der landschaftlich schöne und perfekt geschützte Oyster Pond galt für den Fahrtensegler für lange Zeit als das sicherste Hurrikanschlupfloch auf den Leewards.

Im September 1988 fanden hier 52 Yachten Schutz, als Hurrikan „Gilbert" über die Inseln fegte, und außer einem riesigen Ankersalat kamen die Yachten mit dem Schrecken und einigen „kosmetischen Schäden" davon. Im Herbst 1989, als Hurrikan „Hugo" mit seinem Kern südwestlich an den Inseln vorbeizog, lagen hier knapp 90 Schiffe vor Anker bzw. in der Marina, und damit war die Bucht hoffnungslos überfüllt. Die Sicherheit für Fahrtensegler ist deshalb auch nur relativ, weil sich zu viele Yachten bei Gefahr in die kleine Ankerbucht drängen.

Hinzu kommt, daß in solch kritischen Situationen die Charterfirmen wie Moorings ihre gesamte Flotte hierher verholen und für „fremde" Schiffe kaum noch Platz verfügbar ist. Die Situation wird sich in den kommenden Jahren noch verschärfen, weil die Popularität vom Pond weiter wächst und die Bucht allmählich zu einem Yacht-Center ausgebaut wird.

Die Wassertiefen in der Bucht werden in Seekarten und Handbüchern unterschiedlich angegeben. Die Tiefenangaben im Plan entsprechen meinen Lotungen vom März 1992. Die Sandbank mit zum Teil 3 ft Wasser westlich vom Anleger ist auch für Kielyachten nicht besonders gefährlich, denn der Grund besteht aus weichem Sand und Schlick. Im südlichen Teil liegen noch einige Wrackteile des legendären Dreimast-Schoners „Norlandia", der mit nur vier Mann Crew und ohne Maschine mehrmals den Atlantik zwischen Europa, Neufundland und der Karibik befahren hat, bevor er hier sank.

Der Marinakomplex von Captain Oliver beherrscht die Szene im Oyster Pond, und hier konzentriert sich auch das Leben der Fahrtenyachten und Chartercrews. Dicht nebeneinander liegen die Charterbasen von Sun Yacht und The Moorings.

Peter Frye und seiner quirligen Frau Cindy war es in Südafrika zu eng; über die Ozeane wollten sie mit „Stopover Caribic" ins Mittelmeer segeln, aber das Schicksal vieler Fahrtensegler traf auch Peter und Cindy. Das Klima, die palmenumsäumten Buchten und auch das ungezwungene Leben in der Karibik hat ihre Pläne vorerst durchkreuzt. Peter ist jetzt Basismanager von The Moorings und voll unter Wind für die Kunden.

**Ansteuerung**

Die Einsteuerung in den Oyster Pond muß navigatorisch gut vorbereitet werden und darf nur bei hochstehender Sonne und gutem Licht erfolgen.

# Oyster Pond

*Einfahrt Oyster Pond, li. im Vordergrund The Breaker*

Folgende Punkte erschweren die Einsteuerung:
1. Unzuverlässiges Bojensystem und falsche Bezeichnung in Seekarten und Plänen.
Die auf einigen Seekarten eingetragene gelbe Ansteuerungstonne fehlte in der Vergangenheit gänzlich und wird auch in naher Zukunft nicht ausgelegt.
Die (private) Betonnung des Fahrwassers war auch im März 1992 unvollständig, die grünen Backbordtonnen (siehe Plan) waren vertrieben.
2. Die blinde Klippe The Breaker liegt im Einsteuerungsbereich und ist spät zu erkennen.
Auch diese ernstzunehmende Gefahrenstelle war nicht betonnt.
3. Wind und See kommen bei der Einsteuerung mit großer Wahrscheinlichkeit von achtern.
Je nach Seegang können Brecher das nachgeschleppte Beiboot vollschlagen.
4. Genaue Peilpunkte sind durch die ständige Bebauung der Hügel rund um den Oyster Pond schlecht auszumachen.

Folgende Maßnahmen sind zu empfehlen:
Bei Seegang das mitgeschleppte Schlauchboot an Deck bringen und verzurren. Kunststoffdingis am Bug mit Fendern sichern und so dicht wie möglich holen.
Wenn man sich entscheidet, die Segel zu bergen, sollte dies rechtzeitig erfolgen.
Bei schwerem Wetter und dem Gefühl der Unsicherheit sollte man Captain Olivers Marina auf Kanal 16/67 oder The Moorings 16/77 rufen; die kommen mit dem Schlauchboot und zeigen den Weg durchs Riff.
Etwa 70 Prozent der revierunkundigen Segler nehmen diesen kostenlosen Lotsenservice in Anspruch.
Beim Auslaufen aus dem Oyster Pond fährt man gegen Wind und Seegang, einige Charterfirmen machen zur Auflage, daß das Groß gesetzt ist. In jedem Fall sollte man einen Aktionsplan im Kopf haben, wenn der Motor plötzlich ausfällt.

# Oyster Pond

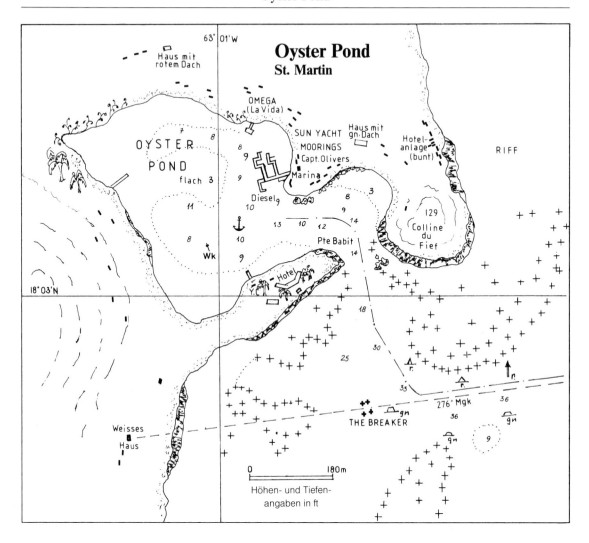

**Anker- und Festmachemöglichkeiten**

Die besten Ankerplätze liegen südwestlich vom Marina-Anleger auf etwa 11 ft Wassertiefe, der Ankergrund ist gut haltender Sand.
Bequeme Liegetage garantiert die gut geführte Marina von Captain Oliver. Im Marinakomplex sind saubere Duschen, Toiletten, ein kleiner Ship Shop für die notwendigsten Lebensmittel und Getränke (franz. Stangenbrot) untergebracht. Wasser und Strom gibt es am Steg, die Kosten für das Liegen betragen pro Fuß 0,68 US-$/Tag, für Wasser werden 0,08 US-$ pro Gallone und für Strom 0,33 US-$ pro Kilowattstunde berechnet. Captain Oliver, mit bürgerlichem Namen Oliver Lange, hatte wie sein Stegnachbar Peter Frye Sehnsucht nach dem blauen Wasser mit den Palmenstränden. Sein Grundstock für die Marina mit Hotel und Open-air-Restaurant im Oyster Pond bildete das Kapital aus dem Verkauf seines Gourmetrestaurants „Le Mors aux Dents" in Paris.

# Die Südküste

Die Navigation entlang der Südküste ist seit dem Auslegen der Leuchttonne mit rundem Toppzeichen an der Nordkante des gefährlichen *Proselyte-Riffs* im Mai 1988 wesentlich sicherer geworden.

Wo heute die Tonne liegt, sank am 2. September 1802 um 07.30 Bordzeit die mit 32 Kanonen bestückte englische Fregatte „HMS Proselyte", weil Captain Henry Whitby und sein Navigator sich unter Deck aufhielten und der Steuermann erst reagierte, als es bereits zu spät war. In den 30 Jahre alten, wurmstichigen Schiffsboden bohrten sich die Korallenstöcke, und nach fünf Minuten waren nur noch die Masten zu sehen. Leutnant Richardson, der wachhabende Offizier auf Fort Amsterdam, sah durch das Glas, was sich da in 1,5 sm Entfernung abspielte, und deshalb wurde die Besatzung gerettet.

Der Küstenverlauf von Witte Kaap (Pt. Blanche) im Süden bis Pte. Basse Terre im Westen ist stark gegliedert und bietet einige schöne Ankerplätze und Badebuchten.

Philipsburg im Scheitel der Groot Baai ist Port of Entry und der am stärksten frequentierte Hafen in der Region.

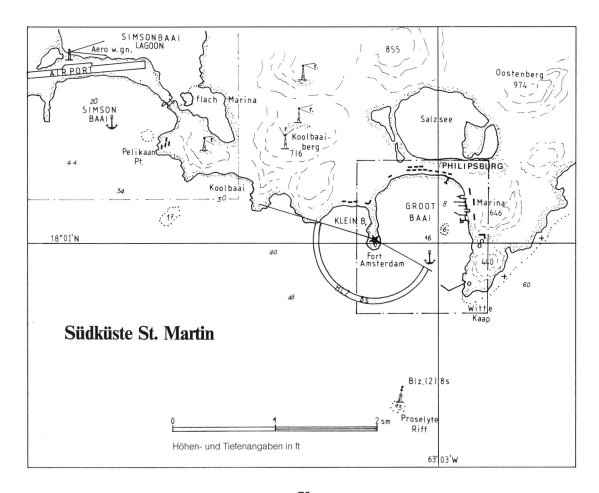

Südküste St. Martin

# Philipsburg

Die nach Süden offene Bucht Groot Baai (Great Bay) mit dem Hauptort Philipsburg ist bei normalem Trade-Wind-Wetter, geschützt durch die hohen Berge im Norden und Osten, ein sicherer Ankerplatz. Wenn der Wind südlicher als 120° holt, kann das Liegen vor Anker besonders im westlichen Teil äußerst ungemütlich werden. Es ist zweckmäßig, dann nach Marigot zu verholen.

Zeitweise, vorwiegend in den Wintermonaten, läuft eine starke Grundsee von Süden in die Bucht. Auf Reede liegt man dann möglicherweise sicherer als in der Marina, wo es schon zu Rumpf- und Mastbeschädigungen kam. Wichtig ist, daß man ausreichend Kette steckt (Faustformel: mindestens viermal Schiffslänge) und mit Hilfe des Heckankers die Yacht genau mit dem Bug zu den Wellen legt.

Die Wassertiefen im Hafen variieren stark, eine 6-ft-Stelle (1,80 m) liegt südwestlich der Great Bay Marina. Seekarten und Hafenpläne von Groot Baai sind mit äußerster Vorsicht zu gebrauchen; der Hurrikan „Klaus" hat den Meeresboden an einigen Stellen stark verändert, zudem haben die Bergung der „Yankee Clipper" und danach die Grundsee besonders im nordwestlichen Teil der Bucht Sandbänke gebildet, die sich jeden Winter in Lage und Form verändern und geringfügig wandern.

Die Tiefenangaben in diesem Plan wurden mit dem Handlot ermittelt.

*Groot Baai Reede, im Hintergrund der Marinakomplex*

# Groot Baai

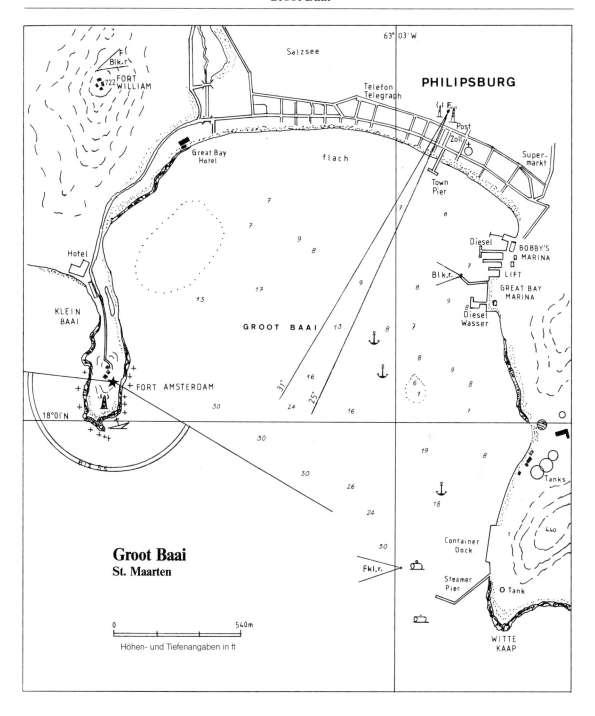

Die Hafenbehörde bezeichnet den Bereich nördlich der Linie zwischen Witte Kaap und Fort Amsterdam als Außenhafen (outer harbour). Nördlich von Witte Kaap befindet sich das Container Dock, Basis der japanischen und koreanischen Fischereiflotten.

Die 250 m lange L-förmige Betonpier (steamer pier) ist voll dem Seegang ausgesetzt, die westlichste der drei Festmachertonnen ist befeuert. Im nordöstlichen Teil der Bucht liegt der Marinakomplex mit allen Service-Einrichtungen und den besten Reparaturmöglichkeiten zwischen Antigua und den Virgins. Die Town Pier ist für Fährschiffe und Ausflugsboote reserviert.

Im Scheitel der Bucht reihen sich auf einer Nehrung die hübschen weißen und bunten Häuser mit roten Dächern im typischen Westindienstil dicht an dicht entlang der Frontstreet.

Wichtige Orientierungspunkte bei der Einsteuerung zum Ankerplatz sind das auffällige Gebäude der katholischen Kirche mit Turm und rotem Dach im Ortszentrum und das riesige weiße Great Beach Hotel mit seinen 225 Zimmern im westlichen Teil der Bucht.

**Ansteuerung**

Die Ansteuerung aus südlichen Richtungen ist seit Auslegen der s-r-s-Leuchttonne an der Nordkante des Proselyte-Riffs bei Tag und Nacht problemlos.

Bei Ansteuerung von Westen sollte man Terres Basses Point mit einem Sicherheitsabstand von einer Seemeile passieren; lokale Skipper haben mich informiert, daß sich Korallenbänke rapide weiter nach Westen ausdehnen und 1987 hier zwei Yachten auf Grund gingen. Die Einfahrt zwischen Witte Kaap und dem Westhuk mit dem kleinen Radiomast – die Ruinen von Fort Amsterdam sind von See kommend nicht zu erkennen – ist etwa 1 sm breit und rein.

Das tiefste Wasser ist im südöstlichen Teil der Bucht. Zu beachten ist die flache Stelle mit 6 ft Wasser südwestlich Great Bay Marina.

Bei der Nachtansteuerung aus östlichen Richtungen braucht man einen sicheren Mann am Navigationstisch. Aus südlichen Richtungen kommend, kann man mit der Einsteuerung erst dann beginnen, wenn man das Feuer Blz. 5 s. eindeutig identifiziert hat und man es an Backbord hat, weil die beleuchtete Hintergrundkulisse des Little Bay Hotel in der Klein Baai mit dem weniger beleuchteten Philipsburg verwechselt werden kann. Das Leuchtfeuer ist durch die vielen Lichter in der Kimm schlecht auszumachen, außerdem ist die angegebene Tragweite von 15 sm stark anzuzweifeln.

Nachdem er „Q" gesetzt hat, fährt der ortskundige Skipper unter Maschine zum Ankerplatz, am besten 200 m südlich der Town Pier. Wenn kein Zollbeamter (Customs official) an Bord kommt, geht der Schiffsführer zum Einklarieren, die Besatzung bleibt solange an Bord. Mit dem Dingi kann man an der Town Pier festmachen, von hier aus sind es nur wenige Meter zum Immigration Office in der Back Street nahe der Post.

Außerhalb der Bürozeiten und an Sonn- und Feiertagen leistet die Polizei, die gegenüber zu finden ist, Amtshilfe. Die Dienststellen der Behörden, der Tourist Information und die Banken sind hier auf einem Punkt konzentriert.

Alle Bediensteten sind ähnlich wie auf den Virgin Islands außergewöhnlich freundlich und hilfsbereit. Den Hafenmeister (harbour master) kann man auf Kanal 16 rufen, bei wichtigen Angelegenheiten rund um die Uhr.

Spätestens zwei Stunden vor dem geplanten Ablegen soll der Skipper oder sein Vertreter die Zollbehörden informieren. Diese Vorschrift wird von einigen Besatzungen nicht eingehalten, wenn sie das Hoheitsgebiet nicht verlassen wollen.

**Anker- und Festmachemöglichkeiten**

Die ruhigsten Ankerplätze liegen im nordöstlichen Teil der Groot Baai in Höhe Great Bay Marina. Die Wassertiefen variieren hier zwischen 14 ft und 9 ft, der Ankergrund ist gut haltender Sand.

# Bobby's Marina

Die Marina verfügt über alle Serviceeinrichtungen und Reparaturdienste und ist die einzige Marina zwischen Antigua und den Virgin Islands mit der Möglichkeit, Yachten an Land abzustellen (Dockyard). Auch für Reparaturen am Unterwasserschiff oder am Schiffsantrieb steht der 70-t-Travellift kurzfristig zur Verfügung.
Diesel, Benzin, Wasser und Eis gibt es an der Pier. Wasser wird mit 0,08 US-$ pro Gallone und Strom mit 0,33 US-$ pro Kilowattstunde berechnet. Die Liegegebühr beträgt 0,65 US-$ pro Fuß Schiffslänge und Tag. Die Hebegebühren von 5,50 US-$ pro Fuß umfassen auch die Reinigung des Unterwasserschiffes. Für Reparaturen werden pro Arbeitsstunde 5,– bis 25,– US-$ in Rechnung gestellt.
Der Anrufkanal ist 16, der Arbeitskanal für die Gesprächsabwicklung wird von der Marina mitgeteilt.
Innerhalb des Marinakomplexes haben sich Lädchen angesiedelt. Restaurants, Schiffszubehörläden, Wäscherei und Reparaturdienste liegen Tür an Tür. Der Bahama Yacht Service hat hier einen Charterstützpunkt, der von Tim Short erstklassig geführt wird.
Das Rettungsboot der Sea Rescue Foundation liegt 24 Stunden einsatzbereit in der Marina. Saba Radio koordiniert über Kanal 16 den Seenotfall in 100 sm Radius und stellt über die Tel.- Nr. 59 95-2 22 22 den Einsatz sicher. Am 14. Mai 1988 habe ich am Rande einen Einsatz miterlebt und gesehen, wie die Jungs innerhalb von 15 Minuten aus dem Overall und in den Schwimmwesten waren und die beiden 150-PS-Mercury gestartet hatten. Der Einsatz wurde mit Erfolg abgeschlossen, wie ich später im Radio hörte (Ray Ditton im nachhinein ein Dankeschön und für die Zukunft weiterhin Erfolg).

# Great Bay Marina

Die Marina ist an dem beigefarbenen Gebäude mit rotem Dach gut zu erkennen. Die Liegeplatzanmeldung beim Dock Master erfolgt über Kanal 69.
Transityachten machen an der Old Pier (T) fest, die New Pier ist für Langzeitlieger reserviert. Festgemacht wird an Muringbojen mit Leinen zum Steg.
Der Dock Master ist von 08.00 bis 17.00 Uhr ansprechbar. Die Tankstelle ist von 10.00 bis 17.00 geöffnet. Für das Festmachen werden 0,70 US-$ pro Fuß und Tag berechnet, Mindestgebühr/Tag 20,– US-$. Die Mindestgebühr für Strom und Wasser beträgt je Tag 5,– US-$.
Leeward Island Yacht Charter hat seinen Stützpunkt hier, bei Nautical Instruments gibt es die wichtigsten Seekarten und Navigationsgeräte.

# Simson Baai

Etwa 3 sm weiter im Westen liegt die weiträumige Simson Baai, ein bei ruhigem Wetter vielbesuchter Ankerplatz. Im östlichen Teil der Bucht befindet sich die Einfahrt (mit Zugbrücke) zum Grand Etang de Simson Baai.
Es gibt ruhigere Ankerplätze rund um die Insel

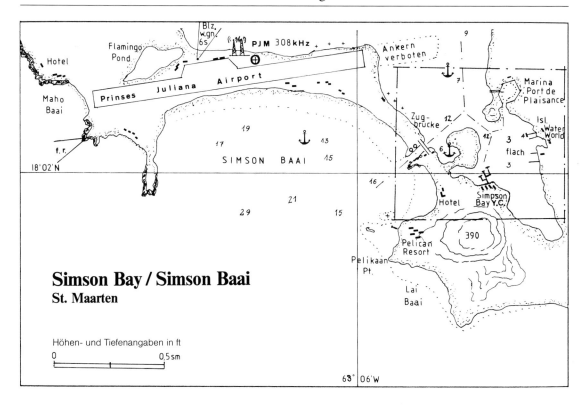

der Fluglärm vom nahegelegenen Airport hält bis 23.00 Uhr an. Aber wenn man frühmorgens in den Grand Etang de Simson Baai verholen will, nimmt man den Lärm in Kauf.

### Westküste

Die Westküste ist, außer den zwei überwaschenen Klippen etwa 100 m nordwestlich Pte. Plum, frei von Untiefen.

# Grand Etang de Simson Baai (Simson Bay Lagoon)

Die Lagune ist völlig von Land umgeben und dadurch eines der sichersten Hurrikanschlupflöcher in der Karibik und ein idealer Ankerplatz für Langzeitlieger. Selbst bei starken Stürmen kommt innerhalb der Lagune kaum Seegang auf. Yachten, die bei Sturm auf Schiet oder an Land geraten, weil die Anker nicht halten, können später ohne größere Schäden geborgen bzw. freigeschleppt werden. Ohne Schiffsverluste haben 1979 hier über hundert Yachten den Hurrikan „Frederick" abgewettert, der Hurrikan „Klaus" 1984 hinterließ in der Lagune ebenfalls keine Totalschäden.

Es gibt allerdings auch Probleme mit der Lagune: Das eine ist hineinzukommen, das andere sind die sich öfter ändernden Wassertiefen.

Die Wassertiefen westlich und südlich von Mont Fortune wurden 1992 von mir gelotet.

### Laguneneinsteuerung

Die Lagunendurchfahrt auf der niederländi-

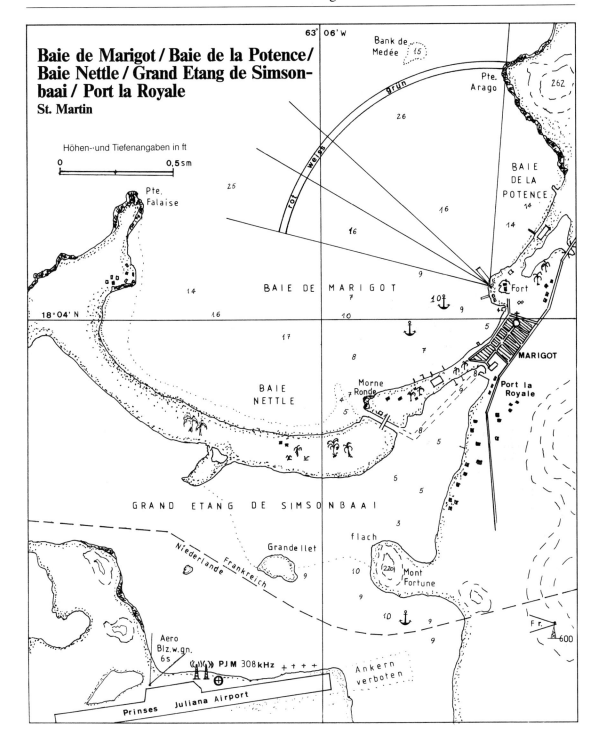

schen Seite wird durch ständiges Ausbaggern auf 11–16 ft Wassertiefe gehalten, die Zugbrücke wird zweimal täglich um 06.15 und 17.30 Uhr geöffnet. Auf Druck der in der Lagune ansässigen Marinas soll der Brückenservice um zwei zusätzliche Öffnungszeiten 10.30 und 16.00 Uhr erweitert werden. Dies sind aber auch die Hauptverkehrszeiten auf der Straße zum nahe gelegenen Flughafen. Der Brückenwärter ist jedenfalls zu diesen Zeiten über Kanal 16/12 auf Stand-by und gibt bei Bedarf weitere Informationen. Die Marinas innerhalb der Lagune geben über UKW bzw. Telefon ebenfalls Auskunft.

Sobald das grüne Licht an der Brücke aufleuchtet, muß man mit der Einsteuerung beginnen; dies setzt voraus, daß man bereits ankerauf in Warteposition liegt. Innerhalb des Kanals setzt je nach Tageszeit starker Strom.

Die Fahrrinnen zu den Marinas sind gut sichtbar betonnt. Zwei unmarkierte Flachs liegen nördlich von Snoopy Island.

**Anker- und Festmachemöglichkeiten**

Im südöstlichen Teil der Lagune ändert sich das Landschaftsbild durch die Bebauung von Monat zu Monat. Die Inselregierung hat erkannt, daß besonders der Yachttourismus die begehrten Devisen ins Land bringt; und für diese Zielgruppe, die nach dem Segeltörn auch noch eine Woche Urlaub im Hotel dranhängt, wird etwas getan. Hier wurden 1990 zwei neue Marinas mit Hotelanlagen fertiggestellt, die kaum noch Wünsche offenlassen. Snoopy Island, 1992 noch ein Sandhügel, wird in den nächsten Jahren urbanisiert und ebenfalls zu einer Supermarina ausgebaut.

*Grand Etang de Simson Baai, Brückendurchfahrt*

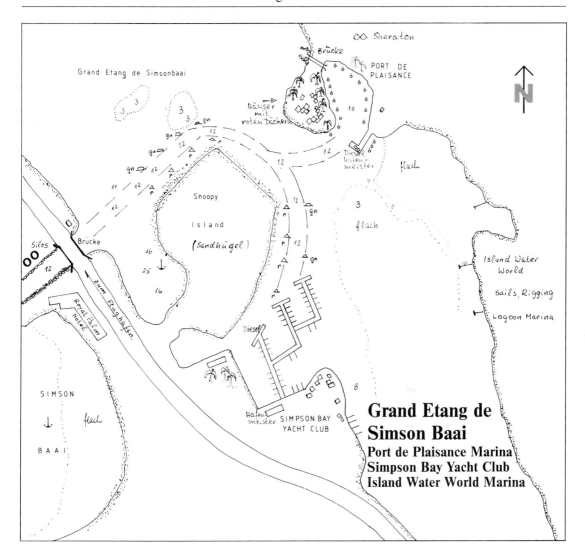

## Port de Plaisance

Diese neue Marina mit 75 Liegeplätzen macht einen etwas verschlafenen Eindruck. Es fehlt an nichts außer dem karibischen Ambiente, der kleinen Bar an der Mole, wo man sich zur Happy-Hour trifft, oder die Schiffszubehörläden, wo man in aller Ruhe rumkramen kann. Sonst ist alles da, Landanschluß mit 100 Ampere für Waschmaschine und Tiefkühltruhe, Kabelfernsehen, Telefon und Telefaxanschlüsse fürs Schiff, Pool und Fitneßzentrum.

Was fehlt, sind die Chartercrews, und die will Marina-Direktor Roger Lothoz über die günstigen Liegegebühren gewinnen. Im März 1992 kostete ein 36-ft-Schiff 26,– US-$ pro Tag, ein äußerst günstiger Preis für das, was geboten wird. Die Platzzuweisung erfolgt über Kanal 67 oder Telefon 4 52 22.

## Simson Bay Yacht Club

Geruhsame Liegetage garantieren die modernen Anlagen und das freundliche Servicepersonal dieses neuen Yachtclubs. 126 Schiffe bis 130 ft Länge und 10 ft Tiefgang können hier festmachen.
Im Marinakomplex liegen Restaurant, Lebensmittelgeschäfte, Bank, Wäscherei und eine Tauchbasis dicht beieinander. Anschlüsse für Wasser, Strom 110/220 V und Satellitenfernsehen sind an jedem Liegeplatz vorhanden. Die Marina ist rund um die Uhr bewacht.
Liegegebühren: 0,80 US-$ per Fuß und Tag; 3,00 US-$ per Fuß pro Woche und 8,00 US-$ per Fuß pro Monat. Spezialtarife für längere Liegezeiten (long term).
Bürozeiten: Montag bis Samstag 08.00–12.00 Uhr und 14.00–17.30 Uhr. Während dieser Zeit ist der Hafenmeister Paul Nissen über Kanal 16 oder Telefon 4 33 78 erreichbar.

*Simson Bay Yacht Club*

## Island Water World Marina

Diese kleine Marina ist eine der wenigen verbliebenen Anlegemöglichkeiten im „westindischen Stil". Nicht besonders modern, aber dafür effizient, besonders im Hinblick auf Reparaturmöglichkeiten.
Das Ersatzteillager und der angegliederte Schiffszubehörladen sind gut sortiert; nicht vorhandene Motor- oder Wellenteile werden hier noch im Schraubstock oder auf der Drehbank neu angefertigt oder repariert. Für Reparaturen am Diesel oder Kühlschrank kommt der Mechaniker bei Ankerliegern auch an Bord. Auch die guten Serviceleistungen und Termintreue der Kleinbetriebe wie Segelmacher, Rigging und Edelstahlverarbeitung (auch Schweißen) rund um die Marina haben sich bei den Seglern mittlerweile herumgesprochen.
Die Wassertiefe in der Fahrrinne zur Marina von 8 ft kann stark variieren, weil die Versandungsgefahr in diesem Teil der Lagune besonders groß ist. Von Port de Plaisance kommend sollte man vor dem Verlassen der betonnten Fahrrinne unter Angabe von Schiffslänge und Tiefgang Island Water World auf Kanal 74 rufen und den aktuellen Stand der Wassertiefe zur Marina abfragen.

## Baie de Marigot

Die große, nach Nordwesten weit offene Bucht mit den Nebenbuchten Baie Nettlé im südlichen Teil, Baie de Marigot in der Mitte und Baie de la Potence im Nordosten gilt als die sicherste Ankerbucht auf Französisch-St. Martin.
Die Einfahrt zwischen Pte. Falaise und Pte. Arago ist 1,7 sm breit, auf der Verbindungslinie der beiden Huken lotet man nicht weniger als 22 ft Wasser. Weiter in die Bucht hinein werden die Tiefen sehr unterschiedlich und betragen an mehreren Stellen nur 7 ft, eine flache Bank mit Wassertiefen von 4 ft liegt westlich Morne Rond.

# Baie de Marigot

*Grand Etang de Simson Baai*

Die Mindestwassertiefe entlang der neuen Betonpier – unterhalb der Ruinen von Fort de Marigot – beträgt 12 ft. An der 100 m langen Pier machen Frachtschiffe und kleine Frachtsegler (Tradingsloops) fest, die nach Bedarf zwischen den Inseln operieren. Der Anleger südlich davon wird primär von den schnellen Fährschiffen von und nach Anguilla genutzt.

Marigot im Scheitel der Bucht ist Hauptort der Insel und Port of Entry. Bei den Leewardseglern gilt der Grundsatz: Wenn das Liegen vor Anker in der Baie de Marigot wegen Wind und Schwell ungemütlich wird, verholt man in die Groot Baai und umgekehrt.

## Ansteuerung

Die Ansteuerung ist bei Tag und Nacht unkompliziert. Die Ruinen von Fort de Marigot (Fort Luis) auf dem 200 ft (60 m) hohen Hügel nördlich der Stadt sind eine gute Landmarke. Bei der Nahansteuerung ist der rot-weiße Gittermast der Radiostation mitten im Ort der beste Peilpunkt.

Das Sektorenfeuer Blz. w/r/gn. 4s am Pierende wurde 1986 in Betrieb genommen; das auf einigen Seekarten noch eingetragene rote Blitzfeuer ist verlöscht. Die Banc de Medée soll man nachts in großem Abstand umfahren.

Der Untergrund aus Stein und abgestorbenen Korallen bietet Krustentieren und Fischen ideale Lebensbedingungen und den Fischern ausgezeichnete Fangmöglichkeiten.

## Anker- und Festmachemöglichkeiten

Einen guten Ankerplatz mit 10 ft Wasser findet man westlich der Handelspier im Abstand von etwa 200 m zum Strand. Bei Winden aus Nordost bietet die Baie de la Potence besseren Schutz, der Gang zur Stadt ist dann allerdings weiter. Dingis können für kurze Zeit am kleinen Anleger – südlich der Handelspier – festmachen. Das Einklarierungsbüro liegt gleich nebenan.

## Hinweis

– Für Schiffe, die im Transit von St. Barthélemy kommen, entfällt das Setzen von „Q" und Einklarieren.
– Die Festmachertonne westlich vom Pier, in einem Seehandbuch angegeben, ist nicht vorhanden.
– Wenn die Grundsee in der Bucht rollt, kommt es im Südteil der Baie Nettlé und der Baie de Marigot zur Ausbildung von schweren Brechern.

# Port la Royale

Die winzige Marina im Port la Royale erreicht man durch die Einfahrt in die Lagune unterhalb des 50 ft hohen schwarzen Felsvorsprungs Morne Ronde. Die Einsteuerung in die Marina muß aufgrund vieler Unsicherheiten gut vorbereitet werden.

Die Zugbrücke soll um 09.00 und 17.00 öffnen; die Öffnungszeiten sind aber unzuverlässig, als Entschuldigung wird immer noch die Beschädigung der Brücke durch Hurrikan „Hugo" vorgeschoben.

Ebenso unzuverlässig bedient nach meinen Feststellungen der Hafenmeister (spricht nur französisch) sein UKW-Gerät bei Anruf auf Kanal 16.

Die Einsteuerung in die Durchfahrt muß wegen der flachen Stellen westlich Morne Ronde und wegen starker Strömungen in und vor der Durchfahrt mit großer Vorsicht erfolgen.

In der ausgebaggerten, unbetonnten Fahrrinne innerhalb der Lagune liegen Yachten vor Anker. In der Fahrrinne und innerhalb der Marina wurden 8 ft Wasser gelotet. Meines Erachtens neigt dieser Lagunenteil stark zum Versanden.

# Marigot

Das Städtchen ist ebenso westindisch wie modern französisch geprägt. In den vielen Cafés und Restaurants aller Preislagen kann man sehr gut essen. Hat man weder Lust zum Essen noch zum Einkaufen oder zum Herumschrauben am Motor, setzt man sich am besten auf eine Restaurantterrasse, bestellt einen Planters Punch und schaut den Pelikanen beim Tauchen zu.

Sehenswert ist die Kirche mit ihrer ungewöhnlichen Innenarchitektur und die biblischen Szenen mit der schwarzen Jungfrau Maria hinter dem Altar. Auf Initiative des eigenwilligen irischen Priesters Andrew Wall wurde die Kirche 1841 ohne Fensterverglasung gebaut. Zu dieser Zeit zählte die Gemeinde Marigot 828 Katholiken, 316 freie Bürger und 512 Sklaven.

Den Sinn der kleinen Kanone vor der Kirche kann ich allerdings nicht deuten, oder soll uns die Kombination an die teils grauenvolle karibische Geschichte erinnern?

Der Obst- und Gemüsemarkt von Montag bis Samstag ist für die Insel einzigartig. Der beste Tag ist der Samstag, dann kann man auch Fische und Langusten direkt vom Fischer kaufen. Der Markt öffnet bereits um 06.00 Uhr, die besten Fische und Krustentiere sind gegen 09.00 schon weg.

Die Versorgungsmöglichkeiten mit Lebensmitteln und Trinkwasser (Flaschen) sind unter der Woche sehr gut, besonders der „Mammouth"-Supermarkt bietet ein gutsortiertes Warenangebot, sonntags sind die Geschäfte und der Markt allerdings geschlossen.

Diesel gibt es nur via Kanister, Wasserbunkern ist im Port la Royale möglich. Shoreline Marine neben der Marina hat die wichtigsten Ersatzteile fürs Schiff oder kann sie beschaffen. Carib Diesel, mit Sitz in der Baie de la Potence, ist ein anerkannter Reparaturbetrieb für Schiffsdiesel, Hydrauliksysteme und 12/24-Volt-Elektroanlagen. Das Ersatzteillager für Dieselmotoren, Schiffsantrieb und Elektroteile ist entsprechend sortiert. Telefon 87 20 06, Telefax 87 20 09.

Diesel Marine Service in der Baie Nettle ist Spezialist für Perkins-Schiffsdiesel und Einspritzpupmen; UKW-Kanal 71, Telefon 87 35 45, Telefax 87 20 14.

# St. Barthélemy (St. Barths)

Das Bordbuch des Kolumbus enthält keinen Hinweis darauf, wann er die Insel entdeckte; wenn man jedoch die Kurse seiner Flotte verfolgt, muß er St. Barthélemy Anfang November 1493 querab gehabt haben. Man geht davon aus, daß er die 22 qkm große Insel, die er nach seinem Bruder Bartolomeo benannte, nie betreten hat.

Erst 55 Jahre später landeten die ersten französischen Pioniere an den Küsten, um das Land zu kolonisieren. Wie lange ihre Kämpfe mit den Indianern andauerten, war nie festzustellen, denn es gab keine Überlebenden.

Erst die zweite Landung brachte den Durchbruch. Über einhundert gut bewaffnete bretonische Männer und Frauen nahmen 1658 nach er-

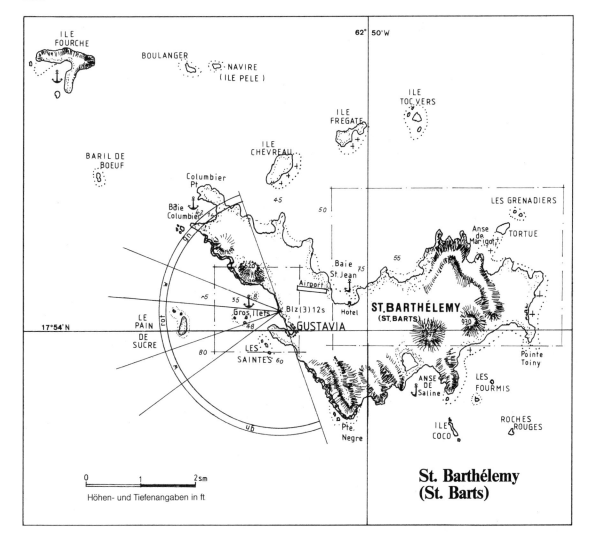

bitterten Kämpfen mit den Kariben die Insel in Besitz. Die Verluste trugen diesmal die Kariben: Bald gab es keine mehr.

Auch in anderer Beziehung zeigten sich die neuen Inselbewohner und deren Nachfolger als recht widerstandsfähig: Die exotischen Reize der farbigen Schönheiten ließen sie anscheinend kalt, wie ihre bis heute weiße Hautfarbe bestätigt. Ihr konservativer Lebensstil hielt das Zuckerrohr und damit auch die Sklaven von der Insel fern. Man begnügte sich mit dem, was die Scholle bot und das Meer hergab.

Der Schreck fuhr dem Inselvolk 1784 in die Knochen: Charles Vergennes, der schlitzohrige Außenminister Ludwigs XVI., hatte sie und ihre Insel an die Schweden verhökert – für lumpige Handels- und Hafenrechte in Göteborg. Als erstes wurde ihr schöner Naturhafen Port du Carénage zu Ehren des schwedischen Königs in Gustavia umbenannt und zum Freihafen erklärt. „Vive la republique", tönte es 1879 über die Hügel der Insel. Für 80 000 Goldfranken war sie wieder in den Besitz von Frankreich übergegangen. Heute leben auf St. Barthélemy etwa 2600 Menschen, eine große Familie, die noch immer den schleppenden Akzent ihrer normannischen Vorfahren spricht.

Für den Tourismus wurde die Insel erst in den 60er Jahren unseres Jahrhunderts entdeckt. Rémy de Haenen, ein erfahrener Buschpilot, baute in der Baie de St. Jean an exponierter Stelle das Eden Rock Hotel, und bald avancierte diese wahrhaft traumhafte Bucht im Vorstellungsvermögen amerikanischer Prospektlayouter zum St. Tropez der Karibik. Hier und in anderen kilometerlangen Buchten mit vorgelagerten Riffen und weißem Korallensand herrscht wenig Betrieb; man fühlt sich fast einsam.

Ob Hafen oder Landschaft, ob Vegetation oder Architektur, hier hat alles Liebreiz, und alles ist sehr intim. Vielleicht haben das einst auch die Normannen so empfunden und deshalb versucht, die Insel als ihr Eden vor Eindringlingen zu schützen.

**Navigation**

Die Küste von St. Barthélemy ist stark gegliedert, die Buchten sind durch steile Berge voneinander getrennt. Der größte Teil der Insel ist bergig, gute Landmarken bilden auf große Entfernung die nahe beieinanderliegenden drei hohen Erhebungen im Ostteil der Insel, von denen auf manchen Kursen nur zwei sichtbar sind.

Die vorgelagerten Inseln und Klippen bedeuten bei gutem Tageslicht keine Gefahr, bei schlechter Sicht und Seegang sind einige der nur 3 bis 4 ft über die Wasserfläche ragenden Inselchen schwer zu erkennen.

Der nördliche Küstenbereich ist bei Nacht für Sportschiffer nicht befahrbar. Für die Ansteuerung von Gustavia bei Nacht nähert man sich der Insel am sichersten aus westlichen Richtungen in einem der beiden weißen Sektoren des Feuers. Die beiden Leuchttonnen im Hafenplan Seite 93 wurden 1988 ausgelegt, sie ermöglichen eine sichere Durchfahrt zwischen den Inselgruppen Les Saintes und Gros Ilets.

**Warnung**

In zwei amerikanischen Seehandbüchern ist der Gefahrensektor des Feuers, der die Inselgruppe Le Pain de Sucre abdeckt, fälschlich mit Grün statt Rot angegeben.

# Die NW-Küste von St. Barthélemy und vorgelagerte Inseln

Die *Baie Columbier* im Nordwesten ist bei

*Baie Columbier, im Hintergund Ile Chevreau*

Tradewind-Wetter ein schöner und besonders ruhiger Ankerplatz. Man ankert am besten auf 10 ft Wassertiefe; der Ankergrund besteht aus Sand mit Seegrasflecken.

*Rocher Table,* eine kahle, steile Insel, bildet die äußere Gefahrenstelle, etwa 4,5 sm nordwestlich von Pointe du Columbier.

*Grande Groupers,* eine 150 ft aus dem Wasser ragende Insel, liegt 2 sm SWlich von Roger Table neben einer Gruppe dunkler niedriger Klippen, die von einem Riffsockel umgeben sind.

Die *Ile de la Fourche* 17° 57′ N/62° 54′ W trägt auch die Bezeichnung Five Islands, weil fünf Hügel auf größere Entfernung die Insel optisch teilen. Das Wasser in der weit nach Südwesten offenen Ankerbucht ist kristallklar. Zum Ankern muß man in den nordöstlichen Teil der Bucht hineinfahren; hier lotet man immer noch 20 bis 50 ft Tiefe.

**Warnung**

Die in der französischen Karte 1488 und der britischen Karte 2038 angegebene Insel südlich der Westhuk konnte ich nicht finden. Auch ein Blick aus der Vogelperspektive gab keinen Aufschluß. Die überwaschene Klippe südwestlich der Südhuk ist eine absolute Gefahrenstelle.

# Die Nordküste von St. Barthélemy

Die Nordküste ist 5 sm lang und dem Seegang voll ausgesetzt. Die Buchten sind größtenteils unrein und bieten wenig Schutz. Die vorgelagerten Inseln sind von großflächigen Riffen umgeben. Das Ankern ist aufgrund des meist groben Seegangs und unpräzisen Kartenangaben gefährlich.

*Baie de St. Jean*

## Die Baie de St. Jean

Dies ist mit Abstand die schönste Bucht an der Nordküste, geschützt durch das vorgelagerte Riff, und ein beliebter Tagesankerplatz. Für Kielyachten gibt es nur eine einzige Riffdurchfahrt; die Einsteuerung darf nur unter Motor, bei ruhiger See und gutem Licht erfolgen.

**Ansteuerung**

Eine unverwechselbare Landmarke ist das Eden Rock Hotel mit rotem Dach auf der Landzunge inmitten der Bucht. Wenn man die Osthuk der Ile Chevreau achteraus in 348° mit dem Kompaß peilt, fährt man 168° MgK, bis man 20 ft lotet. Hier beginnen die Einsteuerung und die Riffdurchfahrt mit Hilfe der Augapfelnavigation. Die Wassertiefe beträgt in der Riffdurchfahrt 10 ft und im östlichen Teil der Bucht 8 ft. Ankergrund ist gut haltender Sand. Die Anwohner mögen keine Nachtankerlieger.

**Hinweis**

Stürme können den Untergrund in dieser Bucht in kürzester Zeit stark verändern und eine sichere Riffdurchfahrt unmöglich machen. Bei Wetterumschwung sollte man umgehend nach Gustavia verholen, sonst sitzt man hier in einer Falle, aus der es kein Entkommen gibt.

## Anse de Marigot

Das Wetter hat mir bisher die Einfahrt in die Anse de Marigot verwehrt. Meine Angaben stützen sich auf das, was ich aus der Luft und von See aus optisch wahrgenommen habe sowie auf Informationen anderer Segler.

# Baie de St. Jean / Anse de Marigot

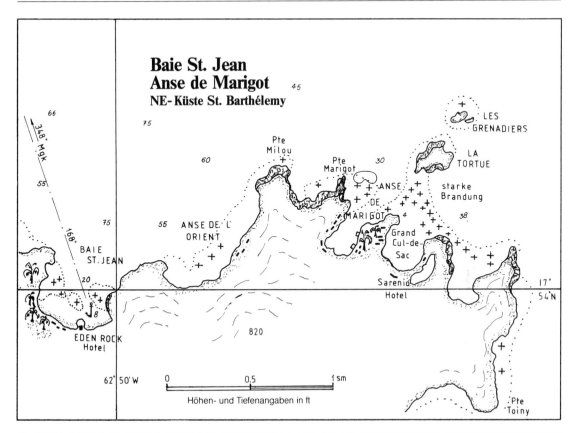

*Anse de Marigot mit Riff im Vordergrund*

Bei Nordostpassat und bedecktem Himmel ist nach meinem Ermessen die Riffdurchfahrt nicht möglich. Bei Winden aus östlichen Richtungen und bei klarem Himmel mit hoher Sonne kann man mit der Augapfelnavigation durch das Nadelöhr fahren.

Zuverlässige Peilpunkte an Land, außer den Inselhuken, sind wegen der starken Veränderung des Landschaftsbildes durch die Bebauung nicht vorhanden.

## Die Südküste von St. Barthélemy

Die Südküste ist zwischen Pte. Toiny und Pte. Negre 3 sm lang, bei Nordostpassat findet man hier stille Ankerbuchten zum Ausruhen und Schnorcheln. Bei der Inselumrundung sollte man die schmale Felseninsel Ile Coco südlich passieren, die Durchfahrt nördlich von Rochers Rouges ist rein. Die Südwestküste von St. Barthélemy ist 4 sm lang und fällt steil ins Wasser ab. Die Halbinsel in der Mitte dieses Küstenabschnittes bildet den natürlichen Schutz für den Hafen Port de Gustavia.

## Port de Gustavia

Der Freihafen Port de Gustavia und der Ort sind malerisch in die hügelige Landschaft eingebettet. Der Hafen, Port of Entry für französische Hoheitsgewässer, ist gegen alle Winde bestens geschützt und kann bei jedem Wetter angelaufen werden.

Die Wassertiefen im Hafenbecken betragen zwischen 10 und 16 ft, die zwei 5-ft-Stellen dicht bei der Yachtpier sind nur gefährlich, wenn man

*Port de Gustavia*

# Port de Gustavia

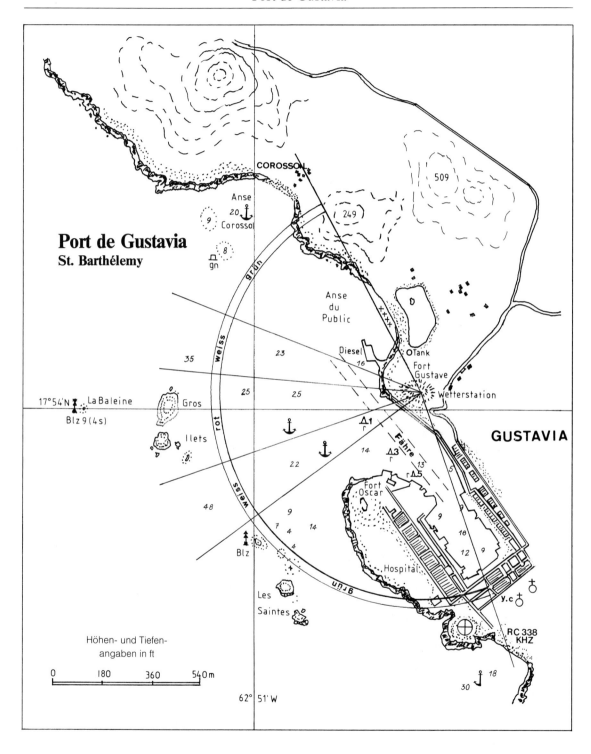

längsseits festmacht. Transityachten machen in der Regel an der Pier (Quai de la République) römisch-katholisch über Buganker fest. Dauerlieger und flachgehende Motorboote liegen im südöstlichen Teil des Hafens an Muringbojen. Die Versorgungsmöglichkeiten sind ausgezeichnet.

**Anker- und Festmachmöglichkeiten**

Die meisten der Gustavia anlaufenden Yachten gehen im Vorhafen nordwestlich Fort Oscar vor Anker. Die Wassertiefe variiert hier zwischen 12 und 22 ft, der Ankergrund ist gut haltender Schlick bzw. Sand.
Das Ankern in der Anse de Public mit der Bunkerstation für Diesel/Benzin nördlich der Handelspier sollte man wegen der dauernden Lärmbelästigung durch den nahen Dieselgenerator, der die Insel mit Strom versorgt, vermeiden.
Die Anse du Corossol mit dem Fischerort Corossol und weißem Sandstrand ist eine gute Alternative zu dem meist stark belegten Ankerplatz im Vorhafen.

**Festmachen in Port de Gustavia**

Das Liegen im Hafen ist nicht jedermanns Sache, denn Gustavia ist auch in der Nacht laut, und auf das Schwimmen am Morgen muß man hier verzichten. Will man nur zum Wasserbunkern oder Einkaufen festmachen, geht man am besten längsseits an die Pier vor dem Hafenamt. Der Aufenthalt hier ist begrenzt auf maximal

*Port de Gustavia, Reede*

zwei Stunden. Will man für einen längeren Zeitraum im Hafen festmachen, ist es zweckmäßig, den Hafenmeister mit der Amtsbezeichnung Commandant du Port de Gustavia, Claude Bruneteau, über Kanal 16 zu rufen. Monsieur Bruneteau hat seinen Hafen im Griff wie Hollinger seine Südseelagune im Buch von Vettermann.

Bruno Gréaux ist der Maître de Port (Hafenmeister). Er paßt auf, daß auch alle Ankerlieger einklarieren und Liegegebühren entrichten. Brunos Uhuaugen entgeht kein angekommenes Schiff mit oder ohne „Q"-Flagge. Spätestens am nächsten Morgen kommt Bruno mit seinem Boston Whaler längsseits und teilt höflich die Bürozeiten für das Einklarieren mit: Montags bis samstags werden die Pässe von 07.30 bis 12.30 und 15.00 bis 17.00 Uhr abgestempelt, sonntags von 10.30 bis 12.30 Uhr.

Das Abwickeln der Formalitäten für das Ein- und Ausklarieren geschieht in freundlicher Atmosphäre, auch in englischer Sprache. Die Hafengebühren betragen je nach Schiffsgröße zwischen 30 und 52 FF pro Tag. Das Liegen im Vorhafen kostet etwa die Hälfte. Der Kubikmeter Wasser wird mit 120 FF berechnet. Das Benutzen der sanitären Einrichtungen und der Duschen ist kostenlos.

Es muß hervorgehoben werden, daß der Dienstleistungsbetrieb im Hafen von Monsieur Bruneteau vorbildlich und zuverlässig geführt wird. Das schließt den Aushang von Nachrichten für Seefahrer und Wetterberichten sowie Hilfeleistungen über UKW (16) ein. Port de Gustavia ist der einzige Hafen in der Region, in dem Post für Transityachten sicher aufbewahrt und ausgehändigt wird. Postanschrift: Port de Gustavia, Ile de Saint Barthélemy, 97133 Antilles Françaises F.W.I., c/o Name der Yacht. Telex: 9 19 265 Gl. Tel. (590) 2 76 697.

Der Ort Gustavia mit dem Vorhafen zeigt sich von Fort Gustave in seiner ganzen Schönheit.

*Willkommenschild in Port de Gustavia*

Die Architektur der Häuser ist noch stark schwedisch beeinflußt.

Spätestens beim Einkaufsbummel trennt sich die weibliche von der männlichen Crew. Die einen zieht es zu Gucci und in die Boutiquen, die anderen erkennen in Loulou's Marine Shop eine Fundgrube für Schiffszubehör und Ersatzteile: Man ist ja in einer Freihandelszone. Später trifft man sich wieder in einer der kleinen Bars zum Pastis und freut sich, daß die Plastikkarte das einfachste Zahlungsmittel der Welt ist.

Sind die Bordbestände erschöpft? Tom Food, 50 m neben dem Hafenamt, ist gut sortiert und der preisgünstigste Supermarkt zwischen Anguilla und Guadeloupe. Die Restaurants, wenige Gehminuten voneinander entfernt, bieten alles, von feinster französischer Küche bis hin zu kreolischen Gerichten. Wenn die Bordkasse kein Loch hat: Fisch und Krustentiere sind hier besonders zu empfehlen.

Falls der Törnplan es zuläßt, empfehle ich eine Inselrundfahrt mit dem Mietauto. In rund sechs Stunden hat man über die holprigen Straßen die Insel erforscht und das ständig wechselnde Panorama und die Eindrücke der Landschaft genossen und fotografiert.

## Ansteuerung

Die Ansteuerung bei Tag aus westlichen Richtungen ist unproblematisch. Gute Landmarken bilden die Antennenanlage auf der Landzungenwurzel in 136 ft (41 m) Höhe und die Mauern von Fort Gustave auf einem 170 ft (52 m) hohen Küstenvorsprung nördlich der Hafeneinfahrt.

Im Nahansteuerungsbereich sind die Inseln Gros Ilets (Ilots Syndare), deren nördlichste 98 ft (30 m) hoch ist, gut zu identifizieren. Westlich der 16 ft (5 m) hohen Klippe La Baleine wurde 1988 eine gelbe Leuchttonne mit dem Toppzeichen Westquadrant ausgelegt (Fkl.[9] 15s).

Die niedrige Inselgruppe Les Saintes ist spät zu erkennen. Nördlich von Les Saintes liegen mehrere flache Stellen. Die gelbe Leuchttonne nordwestlich der nördlichsten Klippe mit Toppzeichen Nordquadrant (Fkl) wurde 1988 ausgelegt.

Die Hafeneinfahrt ist nach dem B-System betonnt.

*Südwestküste von Anguilla*

*Baie de Marigot, Reede*

*Ile de la Fourche*

*Der Ankerplatz NW-lich Green Island in der Nonsuch Bay*

*Carlisle Bay*

*Die Ostküste von Antigua*

*Mamora Bay*

*Spanish Point*

*Baie de Marigot, Terre d'en Haut*

*Ilet à Cabrit*

# Saba

Der Name der Insel Saba ist abgeleitet von *Siba*, was in der alten Arawak-Sprache soviel bedeutet haben soll wie „steiler Felsen". Hier ist alles anders als auf den anderen karibischen Inseln.
Alles ist kleiner, die Linien verlaufen vertikal anstelle horizontal, es gibt keine Buchten und Sandstrände, auch fehlen die Pastelltöne in den Farben.
Trotzdem ist das kleinste Eiland der Niederländischen Antillen mit nur 13 qkm Fläche anziehend und besonders im Landesinneren schön. Es hat um die 1000 Einwohner, die in den drei Orten The Bottom, Windwardside und Hell's Gate leben.
Die nutzbare Anbaufläche der steilen Felsinsel gibt nicht genug her, um weitere Mäuler zu stopfen, und so wandert seit Jahrzehnten die junge männliche Bevölkerung ab in die Fabriken nach Curaçao oder fährt für geringe Heuer auf Schiffen aller Nationalitäten.
Erst wenn man die Küstengewässer um Saba näher kennengelernt hat, bezweifelt man nicht mehr die Aussagen von Kapitänen, daß die Sabaner zu den besten Seeleuten der Welt zählen. Bis zum Bau der kleinen Mole 1972 in der Fort Baai gab es keine einzige Anlegestelle rund um die Insel. Die Fischerboote wurden – auch in den Wintermonaten – über die Felsen ins Wasser gebracht und mit dem Surf wieder angelandet; nur selten splitterten Holz oder gar Knochen. Erst die Inbetriebnahme des kleinen Flughafens 1963 setzte der Isolation ein Ende, und in geringem Umfang wurde die Insel für den Tourismus erschlossen.
Nach 15 Minuten Flugzeit von St. Maarten kommend, setzen die kleinen STOL-Flugzeuge von Windward Island Airlines wie Schmetterlinge auf der 1300 ft langen Piste auf; dann geht es mit dem Taxi die kurvenreiche Straße hinauf zu einem der kleinen Gästehäuser oder zum größten Hotel auf der Insel, dem Captain's Quarter, das über zehn Zimmer und einen herrlichen Ausblick über das Meer verfügt.
Die Einheimischen erzählen, wer einmal hier war, komme mindestens noch einmal wieder, und ich glaube, daß dies stimmt.
Die Bewohner, schwarz oder weiß – braun dazwischen gibt es nicht –, sind freundlich, offen und besonders hilfsbereit. Die fünf Inselpolizisten scheinen nur für Auskünfte an die Touristen dazusein. Kriminalität, heißt es, sei hier ein Fremdwort.
In den schmucken Dörfern ist der Ordnungssinn der Ahnen aus Zeeland nicht zu verkennen. Wer nicht gerade beim Fischen ist, der streicht sein Haus an. Alles ist geputzt und hergerichtet, als

Mt. Scenery 40° 1.5 sm

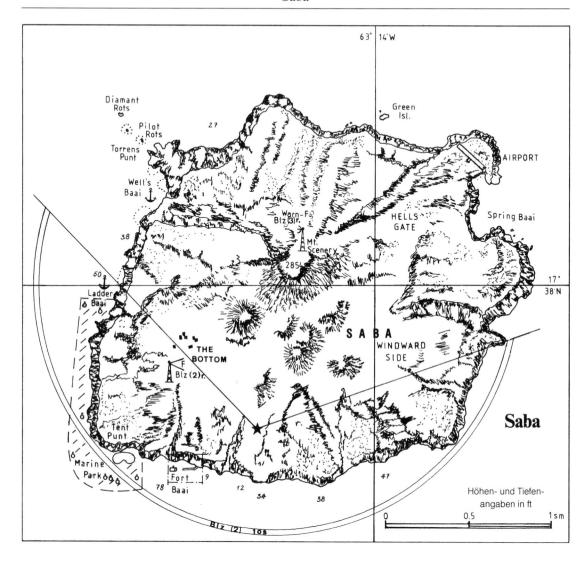

würde morgen die Königin zu Besuch erwartet. Der Hauptort, The Bottom, etwa 800 ft über dem Meeresspiegel, liegt malerisch in einem grünen Tal mit hübschen Häusern und schmucken Gärten. Hier befindet sich auch die Sendezentrale von Saba Radio.

In sechs bis sieben Stunden hat man fürs erste genug Eindrücke gesammelt. Zurück zum Boot in der Fort Baai kann man auf das Taxi verzichten. Beim Fußmarsch dorthin wird einem bewußt, welchen Schweiß und welche Anstrengung es die Sabaner gekostet haben muß, mit wenigen Hilfsmitteln in zwölf Jahren die 15 Meilen lange Straße von einem Inselzipfel zum anderen durch die Felsen zu treiben.

Liegt das Boot in der Ladder Baai vor Anker, ist der Rückweg, ein Abstieg über 524 Stufen, zwar schweißtreibend, aber das Panorama und der Gedanke an das frische Bad und später das kühle Bier an Bord lassen die Mühe vergessen.

Fort Baai / Ladder Baai / Well's Baai

**Navigation**

An klaren Tagen kann man den 2854 ft (870m) aus dem Meer ragenden Felsen auf 30 bis 35 sm gut erkennen; der Berggipfel ist meist in Wolken. Die 50-ft-Tiefenlinie liegt an vielen Stellen dicht unter Land.

Aus östlichen Richtungen kommend, kann man sich der Insel gefahrlos nähern. Im Nordwesten sind die Diamant Rots, ein 80 ft (24,5 m) hoher Felsen, und südöstlich davon die Pilot Rots, etwa 16 ft (4,8 m) hohe Klippen, der Küste vorgelagert. Die Passage zwischen den Felsen ist unrein.

**Hinweis**

Saba sollte man nur bei gutem, stabilem Wetter ansteuern, bei Wetterumschwung und hohem Seegang wird dringend geraten, Saba Radio zu rufen und Informationen über die Seeverhältnisse an den nachfolgend beschriebenen Anker- und Festmachemöglichkeiten einzuholen.

## Fort Baai

Im Herbst 1972 wurde die 85 m lange Pier in der Fort Baai fertiggestellt. Festgemacht wird längsseits an der Pier mit allen verfügbaren Fendern.

Der Manövrierbereich im Hafenbecken ist durch die privaten Muring-Bojen stark eingeschränkt.

Das Liegen an der Festmachertonne westlich der Pier ist unter bestimmten Wetterbedingungen ruhiger und sicherer als im Hafen selbst. Einklariert wird beim Hafenmeister in freundlicher Atmosphäre. Pauschal fallen pro Yacht 6,– US-$ Gebühren an.

## Ladder Baai

In den Fels gehauene Stufen und das alte Zollhaus sind gute Landmarken bei der Wahl des Ankerplatzes. Ein Ankerplatz mit 20 bis 30 ft Wasser liegt etwa 150 m nordwestlich der Stufen, der Ankergrund ist gut haltender Sand.
Bleibt das Boot unbeaufsichtigt, etwa während eines Landgangs, sollte wegen der Fallböen unbedingt ein Heckanker ausgebracht werden.

## Well's Baai

Die Well's Baai gilt als der sicherste und am be-

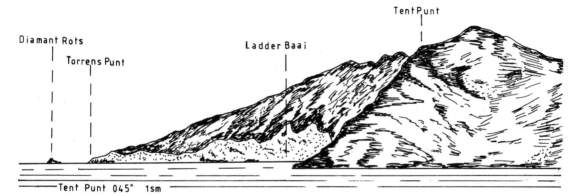

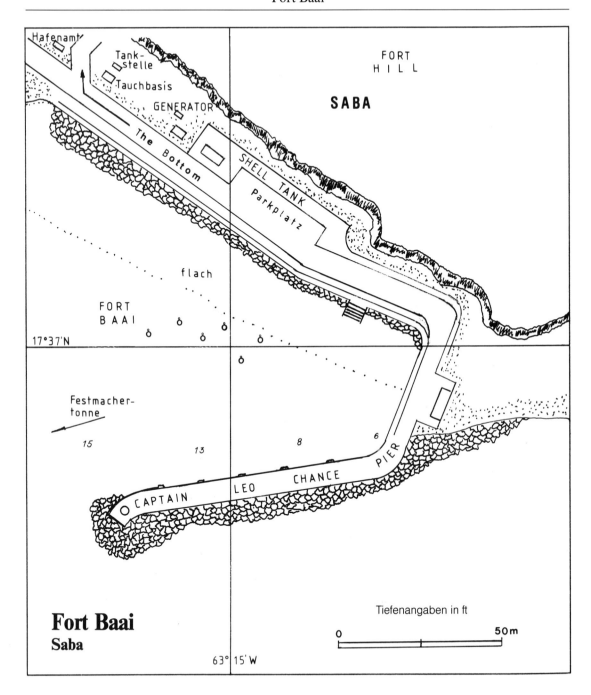

## Fort Baai
**Saba**

sten geschützte Ankerplatz der Insel. Man ankert mit genügend Schwojraum auf 20 bis 30 ft Wassertiefe, der Untergrund ist ausgezeichnet haltender Sand. Der einzige Nachteil besteht darin, daß von hier aus ein Besuch des Inselinneren äußerst schwierig ist.

**Hinweis**

Beim Einsetzen von Grundseen gibt es *keinen* sicheren Liege- und Ankerplatz rund um die Insel. Nach wenigen Stunden besteht im küstennahen Bereich absolute Gefahr für Schiff und Besatzung.

**Besonderheiten**

Der Saba Marine Park (SMP, siehe Plan!) wurde 1987 mit der Zielsetzung ins Leben gerufen, dem Taucher die Schönheit der Unterwasserwelt zugänglich zu machen und zu erhalten. Zu diesem Zweck wurden an den schönsten Unterwasserstellen auch Muringbojen ausgelegt, um Beschädigungen an den Korallen durch das Ankergeschirr zu vermeiden.

Yachten können für ein bis zwei Stunden für einen Tauchgang an den 18-Zoll-Bojen festmachen.

Es gibt keine besonderen Vorschriften im Marine Park, außer daß das Harpunieren von Fischen beim Tauchen mit Flaschen und das Zerstören von Korallen (wie auch sonstwo) verboten ist. Der Strom setzt hier mäßig und ist für den erfahrenen Taucher ungefährlich. Trotzdem ist es zweckmäßiger, an einer organisierten Tauchtour teilzunehmen; ihr Preis enthält einen US-Dollar für die Erhaltung des SMP. Weitere Informationen erhält man bei Saba Radio, beim SMP, und auf der Tauchbasis selbst in der Fort Baai.

*Fort Baai*

# St. Eustatius

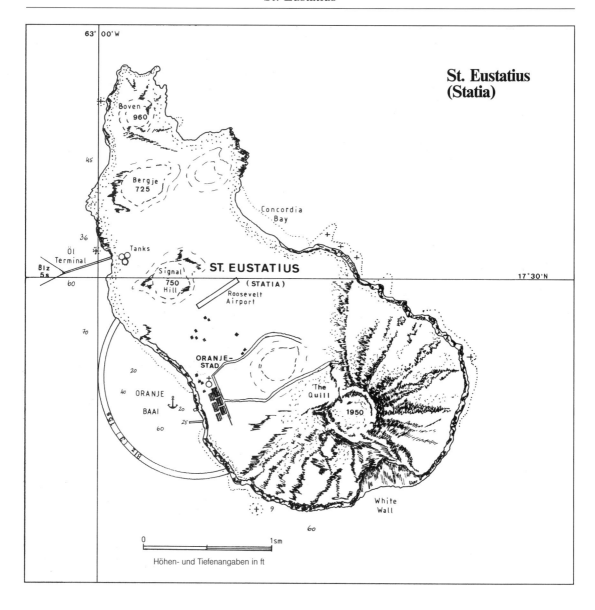

# St. Eustatius

Die frühe Geschichte von St. Eustatius, im Volksmund Statia, ist nicht vollständig dokumentiert. Auch der Namensursprung ist ziemlich unklar. Der französische Missionar Pater Raymond Breton schrieb 1665, daß St. Eustatius von den Indianern der Nachbarinsel *Aloi* genannt werde, was soviel bedeute wie Cashewnuß (eine nierenförmige Nuß). Zum gleichen Zeitpunkt tauchte auf einer spanischen Seekarte der Name Estaxia auf, in britischen Amtsbriefen verwendete man den Namen Statia; und der niederländische Autor Johannes de Laet nannte die Insel St. Eustaduo. Als die Niederländer am 25. April 1636 die Insel in Besitz nahmen, konnten die Einheimischen keine Auskunft geben; die Insel war verlassen, und man fand nur zerstörte Dörfer.

Zwischen 1636 und 1638 landeten 60 Siedler aus der niederländischen Provinz Zeeland mit ihren Familien in der Bucht von Oranjestad. Der Hügel oberhalb der strategisch wichtigen Oranje Bay wurde zur Festung ausgebaut, mit 16 Kanonen bestückt und Fort Oranje benannt.

Die ersten Erfolge erzielte man mit dem Anbau und dem Export von Tabak. Bereits im Juli 1638 brachten die Handelssegler die ersten Tabakballen aus Statia in den Niederlanden auf die Märkte. Bald konnte man die Nachfrage aus dem Mutterland nicht mehr decken, und zur Produktionssteigerung wurden Indianersklaven aus Dominica herangebracht.

Um die Landfläche besser zu nutzen, ging man von der Tabakmonokultur in den Tälern ab und pflanzte zusätzlich Baumwolle und Kaffee auf den fruchtbaren Hügeln an. Man gründete Niederlassungen auf den Inseln Tortola und Jost van Dyke; Saba wurde zur Subkolonie von Statia und unterstand während der ganzen Kolonialzeit der Verwaltung von Statia. Der Handel florierte und verhalf den Bewohnern von Statia zu Wohlstand und Ansehen.

Spätestens jetzt erkannten auch englische und französische Admirale den Wert der Insel. Weitere Forts wurden im Süden und Norden der Insel errichtet, um die Feinde abzuwehren – oft jedoch ohne Erfolg, weil die schlechtbezahlte Truppe wenig motiviert war oder die verrosteten Kanonen beim Feuern den Kanonieren um die Ohren flogen; so wechselte die Insel mehrmals den Besitzer, bis 1816 dreiundzwanzigmal.

Anfang Mai 1665 lag wieder eine englische Flotte mit 14 Schiffen zwischen Nevis und Montserrat auf der Lauer und wartete auf guten Wind für den Angriff auf Statia. Doch sie hatte nicht mit dem Admiral Michiel de Ruyter, einem der bedeutendsten niederländischen Seehelden gerechnet. Er kam gerade mit zwölf Schiffen aus einer verlorenen Seeschlacht um Barbados, und das britische Geschwader kam ihm sehr gelegen, um die Schmach der Niederlage wiedergutzumachen. Die Taktik de Ruyters war anscheinend besser, seine Schüsse saßen genauer, die entmasteten britischen Schiffe wurden geentert, der Rest gab auf. Am 14. Mai 1665 lief de Ruyter mit seinen zwölf und den 14 gekaperten Schiffen in der Oranje Bay ein, was sicher ein imposantes Schauspiel war. Das Monument im Hof von Fort Oranje, 1933 eingeweiht, soll an den Sieg de Ruyters erinnern, der 1676 in einer Seeschlacht gegen die Franzosen bei Stromboli fiel.

Ab 1720 entwickelte sich Statia, damals gerade wieder unter niederländischer Flagge, zum zentralen Handelspunkt und größten Umschlagplatz für Sklaven und Güter in der Karibik. Englische und niederländische Reeder gaben ihr den Beinamen *Golden Rock*, der Goldene Felsen.

Ganz Oranjestad war zu dieser Zeit ein riesiger Supermarkt, Händler aller Nationalitäten ließen sich in Statia nieder, neben Engländern, Spaniern und Franzosen sogar Türken, Griechen und viele Juden.

Die jüdische Gemeinde wurde so erfolgreich, daß sie 1739 neben Fort Oranje die Synagoge Honen Dalim errichten konnte. Sie wurde ebenso wie die vielen Magazine und Wohnhäuser aus Ziegeln gebaut, die als Ballast in den Schiffen aus den Niederlanden mitgeführt wurden.

Händler waren immer schlechte Militärs, so auch auf Statia. Die Sicherung der Insel gegen Feinde von außen wurde sträflich vernachlässigt; an der Instandhaltung der Verteidigungsanlagen und am Sold für eine schlagkräftige Truppe wurde gespart.

Am langen Küstenstreifen von Oranje Baai erstand statt dessen Lower Town, wo sich ein Lagerhaus an das andere reihte, daneben Wohn- und Gästehäuser sowie Kneipen für Händler, Reeder und Offiziere. Dazu gehörte auch das Gin House, das heute als Restaurant, Bar und Hotel Old Gin House wieder in Betrieb ist.

Zu den Routen des Dreieckshandels kam während des amerikanischen Unabhängigkeitskriegs noch eine sehr gewinnträchtige hinzu. Vergeblich versuchten die Amerikaner lange Zeit, die englische Blockade zu brechen. Erst mit Statia als Umschlagplatz für kriegswichtige Güter wie Waffen, Pulver, Bekleidung und Nahrungsmittel konnte der Freiheitskampf der englischen Kolonien in Amerika erfolgversprechend fortgesetzt werden. Im Frühjahr 1776 zählte man über 150 Handelsschiffe, die von Oranje Baai bis Tumble Down Dick Baai vor Anker lagen.

Als die „Andrea Doria" am 16. November 1776 im Hafen von Oranjestad einlief, wurde sie von Gouverneur Johannes De Graaft als erstes Kriegsschiff unter der Flagge der vor kurzem proklamierten Vereinigten Staaten von Amerika mit neun Schuß Salut aus den Kanonen von Fort Oranje empfangen.

Diesen symbolischen Akt werteten die Amerikaner als erste Anerkennung ihrer neugegründeten Republik durch eine fremde Nation. Die Engländer sahen darin jedoch eine feindliche Handlung, die wenige Jahre später weitreichende negative Folgen für die Inselbewohner hatte und zu einem ersten wirtschaftlichen Zusammenbruch der Handelsmetropole Statia führte. Aber vorläufig lief der Handel noch auf Hochtouren. Die „Andrea Doria" (benannt nach einem genuesischen Seehelden) überwinterte in Statia und konnte auf ihrem Rückweg nach Amerika noch ein englisches Schiff kapern. Leider flüchtete vor ihrem Auslaufen noch der junge, zum Dienst gepreßte Seemann John Trotman und entkam nach St. Kitts, wo er dem Ratspräsidenten von dem Flaggensalut berichtete. Das führte zu diplomatischen Verwicklungen zwischen England und den Niederlanden. De Graaft wurde nach Amsterdam zitiert, kehrte aber voll rehabilitiert nach Statia zurück und ging in die amerikanische Geschichte ein.

Am 3. Februar 1781 war es dann endlich soweit: Die gedemütigte englische Krone holte zum Vergeltungsschlag gegen die Versorgungsbasis seines Kriegsgegners Amerika aus, und Admiral Rodney kreuzte mit einer Flotte von 23 Kriegsschiffen, fünf Fregatten und zahlreichen kleineren Truppentransportern vor Statia auf. Ohne großes Geschrei und ohne einen Schuß Pulver zu verschwenden, ergab sich die wehrlose Insel der britischen Übermacht.

Admiral Rodney gab die Insel zur Plünderung frei und nahm alles, was nicht niet- und nagelfest war, in Besitz. Besonders die Juden hatten unter seinem Regime schwer zu leiden. Trotz des britischen Siegs ließ Rodney noch über einen Monat die niederländische Flagge wehen, um die ahnungslos ankommenden Handelsschiffe auch noch abkassieren zu können.

In einer für die damalige Zeit beispiellosen Auktion wurden die eroberten Schiffe und Handelsgüter versteigert, teilweise weit unter ihrem Wert. Man schätzt, daß Rodney einen Erlös von 3 bis 4 Millionen Pfund Sterling erzielte. Statias Wirtschaft war am Boden zerstört, und viele Bewohner wurden deportiert. Aber diese wahrhaft königliche Kriegsbeute sollte England nie erreichen: Auf dem Weg in die Heimat wurden die „Schatzschiffe" in der Nähe von Brest von Franzosen und Niederländern gekapert.

Im Mai 1781 nahmen die Franzosen Statia im Handstreich und beendeten damit die von Rodney begründete Herrschaft. Die Franzosen überließen die Insel drei Jahre später wieder den Niederländern, ohne daß Statia groß unter der französischen Besatzung zu leiden gehabt hätte. Ganz im Gegenteil: Die Franzosen bauten neue Forts rings um die Insel und ließen sie in einem tadellosen Zustand zurück.

Statia erholte sich erstaunlich rasch von Rodneys Überfall, und die Bevölkerungszahl erreichte mit 8124 Seelen 1790 ihren höchsten Stand. Die Niederländische Westindien-Company nahm den Handel mit allen befreundeten Nationen wieder auf, und Statia erlebte eine zweite Hochkonjunktur als Handelsmacht, allerdings nicht mehr so wie zur Golden Rock-Ära und auch nur für relativ kurze Zeit.

1795 ging es endgültig bergab mit dem Wohlstand von Statia. Die Westindien-Company hatte Konkurs angemeldet, der Sklavenhandel wurde verboten, und die unabhängigen USA benötigten keinen Nachschubhafen mehr. Die Niederlande und mit dem Mutterland die überseeischen Kolonien wurden zu einem Satellitenstaat von Frankreich und mußten hohe Steuern und Abgaben an ihre Beschützer zahlen. Die Wirtschaft von Statia sank auf einen Tiefpunkt und kam nie mehr richtig auf die Beine. Nach zwei weiteren britischen Zwischenspielen nahmen die Niederländer zum letztenmal diese Insel in Besitz und behielten sie bis heute.

Im 19. Jahrhundert schlief Statia eine Art Dornröschenschlaf; das Leben blieb ohne Höhen und Tiefen. 1828 wurde Oranjestad Freihafen.

1939 besuchte der amerikanische Präsident Franklin D. Roosevelt die Bucht von Oranjestad und würdigte die Verdienste, die Statia sich im amerikanischen Unabhängigkeitskrieg erworben hatte. Erst Mitte unseres Jahrhunderts erwachte Statia aus seinem Tiefschlaf, und mit dem Bau eines Flughafens, eines Landungsstegs in Oranje Baai und mehrerer Hotels und Gästehäuser versuchte man, sich auch einen bescheidenen Anteil an dem Wirtschaftsfaktor Tourismus zu sichern.

**Navigation**

Die Navigation im küstennahen Bereich ist außerhalb der 400-m-Linie problemlos und ungefährlich. Eine überwaschene Klippe liegt westlich White Wall, das Riff südöstlich Concordia Bay ist bei hoher Sonne gut zu erkennen. An der Nordwestseite der Insel gibt es dicht unter Land einige unreine Stellen.

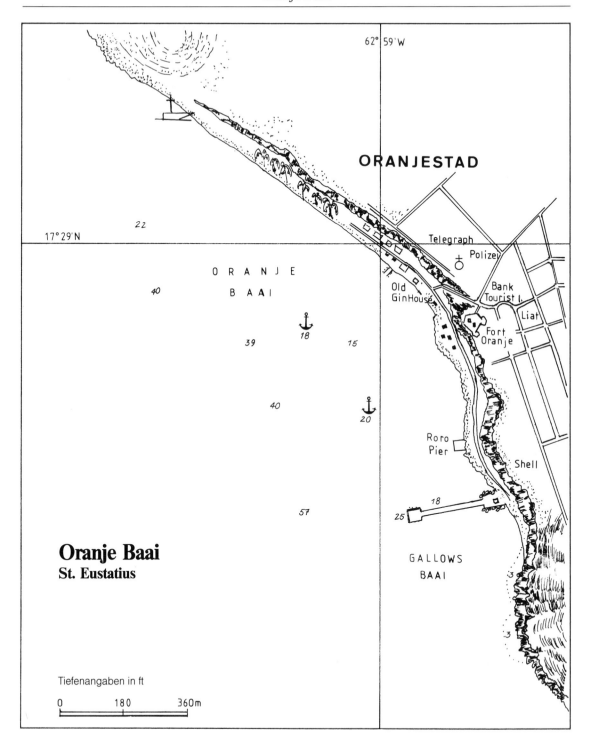

Die beste Landmarke auf große Entfernung ist der 1950 ft (590 m) hohe Quill, ein erloschener Vulkan, beeindruckend durch seine fast vollkommen symmetrische Form.

# Oranje Baai

Die offene Oranje Baai an der Westküste ist der einzige sichere Ankerplatz der Insel und das auch nur bei stabilem Wetter und Nordostpassat. Die Ansteuerung ist frei von Gefahrenstellen.

### Hinweis

Das in einigen Seekarten eingetragene Feuer auf dem Dach des Hafenamts ist verloschen. Der Feuerträger für das Ansteuerungsfeuer Blz.(3) 15 s befindet sich jetzt in 40 m Höhe neben dem Fort Oranje.

### Anker- und Festmachemöglichkeiten

Die besten Ankerplätze liegen nördlich der Pier, die Wassertiefen variieren zwischen 15 und 30 ft. Der Ankergrund ist gut haltender Sand, näher zum Land gibt es einige felsige Stellen. Um sicher zu gehen, sollte man sich besonders hier vom Halt des Ankers mit Brille und Schnorchel überzeugen. Auch bei absolut ruhigem Wetter läuft der Schwell in die Bucht, was in der Regel das Ausbringen eines Heckankers erfordert, will man ruhig schlafen.

*Oranje Baai*

Das Längsseitsfestmachen an der Pier ist aufgrund des Schwells und der Konstruktion der Pier nicht möglich.
In Ausnahmefällen kann man römisch-katholisch an der Nordseite der Pier festmachen, in diesem Fall ist eine Ankerwache erforderlich, um auf Anweisung des Hafenmeisters verholen zu können.
Die 335 m lange Pier wurde 1975/76 von der Cuxhavener Firma Ludwig Voss gebaut, eine Konstruktion aus Beton und Stahlfingern, die verspricht, länger als ihre acht Vorgänger den extremen Seeverhältnissen in der Oranje Baai standzuhalten.

**Hinweis**

Das Anlanden mit dem Dingi am Strand ist wegen des Schwells gefährlich und zeitweise nicht möglich. Am besten macht man das Dingi an der Nordseite der Pier fest (möglichst mit Heckanker) und geht über die Leiter bequem an Land.

# Oranjestad

Einklariert wird im Hafen direkt an der Pier rund um die Uhr; das Personal ist freundlich und hilfsbereit. Gefragt wird nur nach Drogen und Schußwaffen, dann bekommt der Paß kostenlos einen schönen Stempel mit dem Quill und einer Palme. Die restlichen Fragen sind privater Natur, nach Woher und Wohin, ob man ein Taxi möchte oder einen Führer für eine Wanderung in den Quillkrater.
Den ersten und besten Eindruck von der Schönheit und dem geschichtlichen Hintergrund der Insel erhält man, wenn man per pedes zur Exkursion aufbricht.
Der Weg nach Lower Town führt entlang der Küste durch ein Meer von Oleander und Hibiskus mit den Ruinen der alten Lagerhäuser aus der Golden Rock-Zeit dazwischen. In wenigen Gehminuten hat man das Old Gin House erreicht, wo der Westindien-Fahrer unbedingt einkehren muß. Durst wird mit Gin Tonic oder Planter's Punch auf der Terrasse gelöscht, und sollte man einen Blick auf die Speisekarte werfen, bleibt der Ofen an Bord für das Dinner am Abend unter Garantie kalt. John May aus Connecticut und Martin Scofield aus New York haben sich 1972 zusammengetan, das Old Gin House aus den alten Ziegelsteinen wieder aufgebaut und es seiner ursprünglichen Verwendung zugeführt. Besonders die exzellent zubereiteten Fischgerichte haben über die Grenzen von Statia hinaus einen guten Ruf.
Upper Town präsentiert sich dem Besucher im malerischen Westindien-Stil, gemischt mit verwinkelter niederländischer Bauplanung und New-England-Architektur.
Ein paar Schritte neben der Hauptstraße liegt die heute wenig besuchte Ruine der alten jüdischen Synagoge Honen Dalim, die den Besucher an die großen Zeiten der jüdischen Gemeinde von Statia erinnert.
1739 aus gelben Ziegelsteinen gebaut, im August 1772 durch einen Hurrikan zerstört, mit finanzieller Unterstützung der Juden von Curaçao, Amsterdam und New York wieder aufgebaut, war sie mit dem Auszug der jüdischen Gemeinde nach St. Thomas und Curaçao dem Untergang geweiht. 1818 lebten nur noch fünf Juden auf der Insel, der letzte jüdische Grabstein stammt aus der Mitte des 19. Jahrhunderts.
Von Fort Oranje hat man einen herrlichen Ausblick auf die Bucht und Lower Town; im Fortkomplex befinden sich die Büroräume der Inselverwaltung und das altertümliche Postamt.
Das Historical Foundation Museum, geöffnet von 09.00 bis 16.00 Uhr, ist mit viel Liebe zum

Detail eingerichtet und führt den Besucher in die glanzvolle Epoche der Inselgeschichte zurück. Neben Keramikfragmenten der Arawaks werden vor allen Gebrauchsgegenstände, Waffen und Mobiliar aus der Kolonialzeit ausgestellt. Ein Besuch lohnt sich.

Liebhabern der tropischen Vegetation empfehle ich eine Wanderung auf den Quill mit Abstieg in den Krater. Den Aufstieg sollte man spätestens zwischen 08.00 und 09.00 Uhr beginnen, nachdem man mit dem Taxi bis Ende Rosemary Laan gefahren ist. Den Kraterrand erreicht man dann nach ein bis zwei Stunden Fußmarsch. Der Blick über die karibische Inselwelt, an klaren Tagen bis St. Martin, ist atemberaubend.

Der tropische Regenwald im Krater mit einer Vielzahl von Blütengewächsen wie Orchideen, Lilien und vielen uns unbekannten Blumen ist eine willkommene Abwechslung zu den Tagen auf See.

Insgesamt könnte Statia eine ideale Insel zur Erholung von den langen Schlägen sein – wenn die Versorgungsmöglichkeiten besser wären. Die Auswahl an Lebensmitteln ist sehr begrenzt, der Weg aufs Schiff ist weit und mit Kosten und Schweiß verbunden. Wasser gibt es nur in geringen Mengen aus dem Wasserhahn beim Hafenmeister, der Transport mit Kanistern zum Schiff ist mühevoll. Diesel und Bezin kann man, ebenfalls nur in Kanistern, bei der Shellstation neben dem Hafenamt kaufen. Qualifizierte Reparaturdienste sind auf der Insel nicht vorhanden.

# Saint Christopher (St. Kitts)

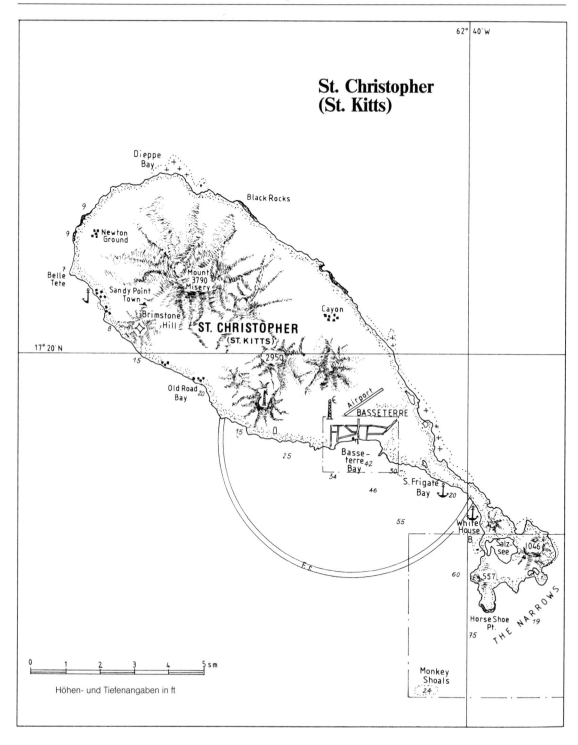

# Saint Christopher (St. Kitts)

St. Christopher, der ursprüngliche Name der 18 sm langen vulkanischen Insel, erscheint heute nur noch auf Briefmarken, Seekarten und alten Dokumenten. Die Bezeichnung St. Kitts hat sich eingebürgert.

Basseterre ist Verwaltungssitz, Hauptstadt und Einklarierungshafen der Insel. Sichere Häfen sind nicht vorhanden, der einzige relativ sichere Ankerplatz ist die Reede von Basseterre, geschützt durch die Berge im Norden und Osten.

In Längsrichtung wird die Insel von einem bewaldeten Gebirgskamm durchzogen, dessen höchste Erhebung der Mount Misery mit 3790 ft (1150 m) ist. Sein Gipfel ist fast immer in Wolken gehüllt.

Brimstone Hill nahe der Küste mit seiner gewaltigen Festung auf 772 ft (229 m) Höhe südwestlich Mt. Misery ist eine gute Landmarke.

Die natürliche Vegetation rund um die Berge besteht klimabedingt aus Regenwald und weiter nach unten bis zur 300-m-Höhenlinie aus Buschwald. In den weiten Tälern und Ebenen wird auf fruchtbarem Boden vornehmlich Zuckerrohr und vereinzelt Baumwolle angepflanzt.

Besonders die Küstenabschnitte an der Südostseite werden von herrlichen palmengesäumten Sandbuchten mit glasklarem Wasser unterbrochen, bei ruhigem Karibikwetter sind das ideale Ankerplätze zum Relaxen und Schnorcheln.

## Geschichte

Kolumbus entdeckte die Insel 1493 auf seiner zweiten Westindienreise und gab ihr seinen Vornamen. Möglicherweise gab es Kontakt zu den Bewohnern, denn aus Aufzeichnungen geht hervor, daß die Kariben ihre Insel Liamuiga nannten, was „die Fruchtbare" bedeutet.

Die eigentliche Geschichte der Insel beginnt 1623 mit der Ankunft von Kapitän Thomas Warner mit seiner Familie und 16 Siedlern, die sich hier niederließen und die erste britische Siedlung in der Karibik gründeten. Warner erteilte 1625 dem Kapitän eines französischen Schiffes die Erlaubnis, in der Nähe des heutigen Basseterre zu landen, um wichtige Reparaturen durchzuführen. Dabei gelang es den Franzosen, sich ebenfalls auf der Insel festzusetzen.

In den folgenden 157 Jahren bekämpften sich Franzosen und Engländer fast ununterbrochen; die Chronik von St. Kitts ist eine Aufeinanderfolge von erbitterten Gefechten.

Die kriegerischen Auseinandersetzungen gipfelten 1782 vor Brimstone Hill in einer der größten Seeschlachten, zu denen es im karibischen Raum je gekommen ist. Mit 31 Schlachtschiffen und 8000 Soldaten und Söldnern griffen die Franzosen die Festung auf Brimstone Hill an. In einer kräftezehrenden und verlustreichen Schlacht konnten die Franzosen den Hügel besetzen. Die Trikolore wehte schon auf der Festung, da griff Admiral Hood mit seiner Flotte in die Kämpfe ein, holte zum vernichtenden Schlag gegen den Erzfeind aus und versenkte den größten Teil der unterbemannten gegnerischen Schiffe.

Nach diesem entscheidenen Sieg konnten die Engländer ihre Vormachtstellung in der Karibik ökonomisch und politisch weiter ausbauen und die Territorialgewinne sichern. Im Vertrag von Versailles, in dem die Engländer 1783 die Unabhängigkeit der Vereinigten Staaten von Amerika anerkannten, wurde St. Kitts endgültig Großbritannien zugesprochen. Das englische Königshaus erkannte die strategische Bedeutung ihrer ersten Kolonie in Westindien, die Festungsanlagen wurden ausgebaut und mit weiteren Kanonen bestückt. Fort George auf dem Hügel wurde in der heutigen Form befestigt, auf verschiedenen Ebenen erhielt der Berg Wehrmauern und Bastionen, die die Festung von nun an uneinnehmbar machten. Kein Wunder, daß St. Kitts das „Gibraltar der Karibik" genannt wird. Hurrikane, Erdbeben und natürlich der Zahn der Zeit aber haben die Festung verwüstet. Nach langen Restaurierungsarbeiten kann man heute Brimstone Hill wieder besuchen; der Blick von der oberen Plattform hinüber zu den Nachbarinseln ist beeindruckend. Die Anlage und das Military Museum in Fort George sollten an oberster Stelle der Ausflugsziele für die Inselrundfahrt stehen.

### Bevölkerung

Die Bevölkerung der 169 qkm großen und landwirtschaftlich hoch entwickelten Insel besteht aus etwa 38 000 Menschen, vorwiegend Schwarze; nur etwa drei Prozent der Bewohner sind Europäer. Das Landesinnere ist dünn besiedelt, die Bevölkerungsschwerpunkte konzentrieren sich auf die Küstenzonen und die Hauptstadt Basseterre.

### Wirtschaft

Der Anbau von Zuckerrohr, der 87 Prozent des Agrarlandes beansprucht, und der Tourismus sind die zwei tragenden Säulen der Wirtschaft. 1988 waren etwa 40 Prozent der arbeitenden Bevölkerung in der Zuckerindustrie beschäftigt; ein cane cutter, ein Zuckerrohrschneider, erhält pro Tonne Zuckerrohr 2,– US-$; während der Erntezeit von Januar bis Juli kann er etwa 3000,– US-$ verdienen.
Die Inselregierung hat in den letzten Jahren enorme Anstrengungen unternommen, um die strukturellen Nachteile gegenüber anderen Karibikinseln abzubauen, und versucht, Kleinindustrie anzusiedeln und so Arbeitsplätze für die schnell wachsende Bevölkerung zu schaffen.
Mangelnde Investitionsbereitschaft in- und ausländischer Geldgeber ließen das Vorhaben scheitern.
Auch Versuche, die Monokultur in eine Mischkultur umzuwandeln, dürften fehlgeschlagen sein; nach EG-Prinzip sind die arbeitsplatzfeindlichen Agrarfabriken auf dem Vormarsch. Wenn die Touristikbranche nicht weiter wächst, werden auf das Land große soziale Probleme zukommen.

### Politische Struktur

Die drei Inseln St. Kitts, Nevis und Anguilla waren bis 1967 als Inselgruppe politisch zusammengefügt und gehörten zur britischen Kronkolonie Leeward-Islands.
Mit fortschreitender Eigenständigkeit hat sich Anguilla im Mai 1967 aus dem Verbund gelöst. Seit dem 19. September 1983 ist St. Kitts mit Nevis ein autonomer Staat im britischen Commonwealth. Staatsoberhaupt ist Königin Elisabeth II., vertreten durch einen Gouverneur, der den Chief Minister der Inselregierung ernennt.

### Navigation

Das an einigen Stellen trockenfallende Korallenriff nördlich Dieppe Bay erkennt man auch bei ruhigem Wetter an der brechenden See. Beim Passieren muß der Sicherheitsabstand zur Küste zwei Seemeilen betragen. Der Strom setzt hier einen Knoten westwärts.

# Südwestküste

Die Südwestküste ist bis dicht unter Land frei von Untiefen. Nahe der Küste ist der Wind sehr

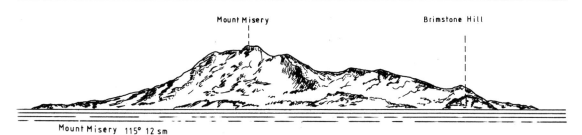

unbeständig; auf Kursen von und nach Basseterre fährt man zweckmäßigerweise im Abstand von etwa zwei Seemeilen zur Küste unter Ausnutzung des beständigen Windes.

## Sandy Point Village

Das idyllische Dorf Sandy Point, eine knappe Seemeile südöstlich Belle Tête, erkennt man an den bunten Häusern, dem gelben Kirchturm und der kleinen Pier am Nordende des Ortes. Die Wassertiefen entlang der Küstenbank gehen rapide von 60 auf 15 ft zurück. Ein guter Ankerplatz mit Sandgrund liegt südwestlich der Pier auf 25 ft Wassertiefe.

## Basseterre

Im August 1928 wurde die Stadt von einem Hurrikan fast vollständig verwüstet, 1979 zerstörten die beiden Superwirbel „David" und „Frederik" Gebäude entlang der Wasserfront.
Von den Naturkatastrophen erholt, liegt heute die Stadt malerisch entlang der weiträumigen Bucht. Sie ist seit 1727 Hauptstadt von St. Kitts und gleichzeitig Verwaltungssitz von St. Kitts und Nevis. Es besteht also die Möglichkeit, in Basseterre einzuklarieren und in Charlestown auszuklarieren oder umgekehrt.

Das Einklarieren und Ausstellen des Cruising Permit (Boat Pass) erfolgt problemlos im 2. Stock des langen Gebäudes hinter der Handelsmole; die Post ist im gleichen Gebäude untergebracht. Für Immigration und das Abstempeln der Pässe ist die Polizei in der Stadt zuständig (siehe Plan!).
Sehenswert und fotogen sind die vom britischen Kolonialstil geprägten Gebäude rund um den Circus und Pall Mall Square, dem früheren Sklavenmarkt der Insel, und die 1868 aus Vulkanstein erbaute St. George's Church im Stil der englischen Neugotik. Briefmarkensammler finden im Philatelic Bureau in der Bay Road ein reichhaltiges Angebot von Briefmarken mit Motiven aus der Kolonialgeschichte, alten Segelschiffen und Meeresfauna.

**Versorgungsmöglichkeiten**

Die Versorgungsmöglichkeiten – Getränke und Lebensmittel – sind sehr gut. Die nahegelegenen Rams- und Kawaja-Supermärkte an der Bay Road liefern die Ware zum Pier.
Wasserbunkern ist nur in St. Kitts Port möglich; der Zollbeamte gibt Auskunft über Schlauchanschluß und Dienstzeiten. Diesel- und Benzinbestände können nur per Kanister an der Texaco-Tankstelle West Square ergänzt werden. Das billigste und härteste Blockeis in der Karibik gibt es im Governement Ice Plant in der Cayon Street.
Viele Reparaturmöglichkeiten gibt es nicht.

# Basseterre

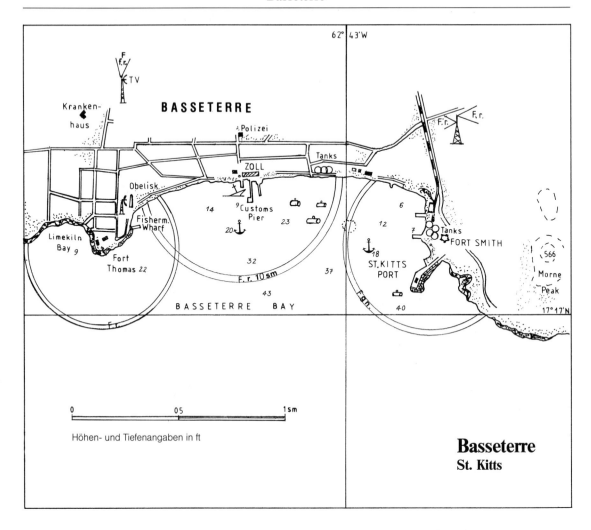

**Basseterre**
St. Kitts

Allgemeine Arbeiten und kleine Reparaturen am Schiffsdiesel kann Richard Caines, Inhaber der Caines Garage, durchführen.
Die Stadt hat Restaurants jeder Preislage, dominierend ist die kreolische Küche. Fisherman's Wharf im Westteil der Bucht ist auf Barbeque spezialisiert (Dingianleger).
Die Tauchbasis Pelican Divers gleich nebenan wird von Mike Ilkiw geleitet. Mike ist lizenzierter Tauchlehrer; seine Servicepalette reicht vom einfachen Flaschenfüllen bis zu Unterwassersafaris an den schönsten Tauchplätzen der Insel.

Oberhalb Fisherman's Wharf liegt an exponierter Stelle das Ocean Terrace Inn, Hotel und Restaurant, mit einem herrlichen Ausblick auf Basseterre und hinüber nach Nevis (Tischbestellung über Kanal 16, Yachtcrews sind gern gesehene Gäste). Zu dem Hotelkomplex gehört die „Bitter End"-Diskothek, die einzige auf St. Kitts.
Das Flugstreckennetz von Golden Rock Airport zu den umliegenden Inseln wurde stark erweitert. Durch die Nonstopbedienung von New York und Miami bzw. der Einstopverbindung

# Basseterre

*Basseterre*

nach San Juan (Puerto Rico) ist St. Kitts neuerdings auch für Europäer besser zu erreichen. Vom Customs Pier gibt es täglich – außer donnerstags und sonntags – zwei Fährverbindungen nach Nevis. Die „Carib Queen" benötigt für die 11 sm lange Strecke nach Charlestown 40 Minuten.

**Ansteuerung**

Die Ansteuerung bei Tag ist völlig problemlos. Die Stadt liegt inmitten der nach Süden offenen Basseterre Bay und bietet dem Betrachter, der von See kommt, ein malerisches Bild.
Die besten Landmarken bei der Einsteuerung sind das braune, zwei Stockwerke hohe Treasury Building (Schatzamt) mit der silbergrauen Kuppel und das farbenfrohe Customs Building (Zollhaus) gleich hinter der 177 m langen Customs Pier. Seit 1984 liegt ein Schiffswrack auf der Treasury Pier, ebenfalls eine unverwechselbare Landmarke.
Für die Nachtnavigation gibt es nur wenige zuverlässige Feuer. Das F.r. auf Fort Thomas und das F.gn. im St. Kitts Port sind nicht in Betrieb. Die angegebene Tragweite von 10 sm für das F.r. auf dem Treasury Building zweifle ich stark an.
Die hellen Strahler der Flutlichtmasten auf dem Pier von St. Kitts Port und die zwei Feuer Ubr.r.2s/F.r. auf dem Gittermast im Ostteil der Bucht sind von weitem gut sichtbar. Das rotierende w.gn. Luftfahrtfeuer ist ebenfalls mit Vorsicht zu gebrauchen: gegen 22.00 Uhr wird

das Feuer nach Ende des täglichen Flugbetriebs abgeschaltet.

**Anker- und Festmachemöglichkeiten**

Das Festmachen an der Pier ist für kurze Zeit bei ruhigem Wetter zur Übernahme von Wasser und Proviant möglich. Sonst ist die Pieranlage für kleine Frachtschiffe und zwischen den Inseln verkehrenden Fähren reserviert.
Zum Einklarieren ankert man am besten südlich vom Customs Pier auf etwa 20 ft Wasser; der Ankergrund besteht aus Steinen mit großflächigen Sand- und Seegrasflecken.
Je nach Wetterlage kommt es durch die Berge im Osten zu kräftigen Fallböen, und das Schiff gerät parallel zum Schwell, wenn kein Heckanker ausgebracht wurde. Zum Übernachten sollte man dann besser in den Ostteil der Bucht verholen.

# Südostküste

Zwischen dem bergigen Südostende liegt eine niedrige, knapp 0,5 sm breite Landenge mit herrlichen Ankerbuchten und Sandstränden. Aus größerem Abstand vermutet man zuerst zwei einzelne Inseln.

# Frigate Bay

Nur 2 sm südostwärts von Basseterre liegt die offene Ankerbucht Frigate Bay. Die palmenumsäumte Bucht ist wegen ihres schönen Sandstrandes und klaren Wassers von Touristen stark besucht und ein beliebter Ankerplatz. Man ankert auf 15 bis 18 ft Wassertiefe, der Ankergrund ist Sand und Seegras.

Will man hier über Nacht liegen, sollte man ausreichend Kette stecken und sich von der Zugfestigkeit des Ankers mit Schnorchel und Brille überzeugen.
Zeitweilig kommt es zu Geruchsbelästigung durch den nahegelegenen Salzsee.
Den ersten Durst an Land kann man in der kleinen Beach Bar oder im Anchorage Restaurant hinter dem Salzsee löschen. Gediegenen Luxus findet man im Royal St. Kitts Hotel. Der Hotelkomplex mit Restaurants, Casino, Pool, Tennisplätzen und 18-Loch-Golfplatz ist auch für Besucher zugänglich.
Der Stahlfrachter „River Taw" ging 1982 im westlichen Teil der Bucht nahe der 10-m-Linie auf ungefährer Position 17° 16,7′ N/62° 42′ W auf Grund. Die Eintragung „Mst.PA." in der BSH-Seekarte 859 entspricht nicht dem letzten Stand. Bereits seit September 1985 sind die Masten nicht mehr sichtbar. Das Wrack der „River Taw" ist erst zu sehen, wenn es bereits zu spät ist; es wird empfohlen, bei der Navigation einen entsprechenden Sicherheitsabstand zu berücksichtigen.
Sir Timothy's Hill trennt die Frigate Bay von der South Friars Bay. Das Wasser vor dem angrenzenden meilenlangen Sandstrand ist frei von Untiefen. Ab hier ist die Insel autofrei und karibisch schön, ein Paradies für Ruhesuchende.

# White House Bay

Etwa 1,5 sm weiter südostwärts liegt die sichere Ankerbucht White House Bay, leicht zu erkennen an der kleinen Ruine am Strand und dem gesunkenen Trawler auf dem Korallenriff im Südostteil der Bucht.
Wenn in Basseterre das Liegen vor Anker ungemütlich wird, ist White House Bay neben Charlestown die einzige Alternative. Ein gutes

Schnorchelgebiet findet man in unmittelbarer Nähe des Wracks.

## Ballast Bay

Beim Einsteuern in die Ballast Bay aus nördlichen Richtungen ist auf das Riff vor Guana Point und Stellnetze in der Bucht zu achten. Der beste Ankerplatz liegt im Nordteil der Bucht auf etwa 15 ft Wasser. Der Ankergrund ist Sand und Seegras.

## The Narrows

Die Durchfahrt zwischen St. Kitts und Nevis ist zwischen Scotch Bonnet und Windy Hill 1,7 sm breit; in Kanalmitte liegt der 6 ft (1,8 m) hohe Felsen Cow Rocks und nordöstlich davon die gut sichtbare 126 ft (38,5 m) hohe Bobby Islet. Im östlichen Ansteuerbereich sind die Untiefen nördlich Nevis absolute Gefahrenstellen.
Die Passage zwischen St. Kitts und den Inseln Cow Rocks/Bobby Islet ist etwa 0,8 sm breit und gilt als sicherste Durchfahrt.

*White House Bay*

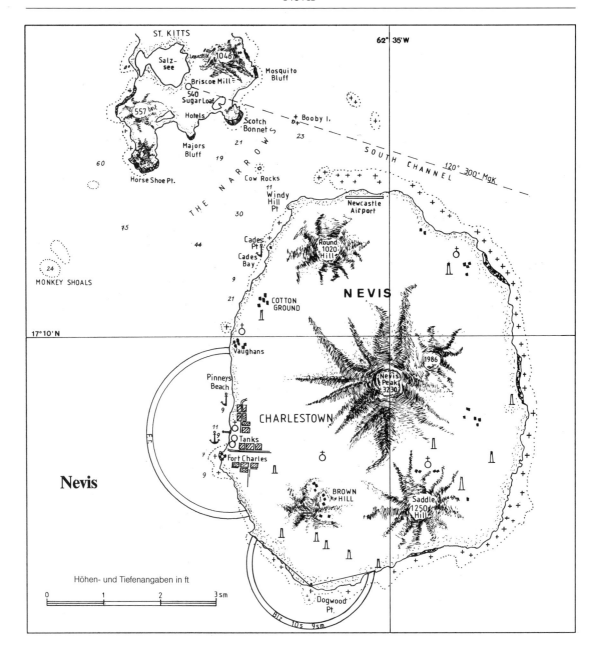

# Nevis

Die fast runde, 93 qkm große und von Korallenriffen umgebene Vulkaninsel wurde 1493 von Kolumbus entdeckt.

Im Zentrum der Insel erhebt sich – symmetrisch vollkommen – der Nevis Peak auf eine Höhe von 3232 ft (985 m). Als Kolumbus zum ersten Mal den in Wolken gehüllten Krater erblickte, wurde er möglicherweise an die schneebedeckten Berge in den Pyrenäen erinnert und gab der Insel den Namen Nuestra Señora de las Nieves.

Das Landschaftsbild ist völlig anders als auf dem benachbarten St. Kitts. Die bewaldeten Berghänge sind von wildromantischen Schluchten durchzogen und reichen bis an die Strände, die zu den schönsten der Karibik zählen. Die Landwirtschaft ist geprägt von einer Mischkultur; Hauptanbauprodukte der kleinen Betriebe sind die hochwertige Sea-Island-Baumwolle und Kokospalmen.

Charlestown ist Hauptstadt und Einklarierungsort der Insel. Die Bevölkerung wurde 1988 mit 9580 angegeben, davon leben 2350 Menschen in Charlestown.

Wie auf St. Kitts herrscht auch hier auf den Straßen Linksverkehr; gegen geringe Gebühr wird bei der Polizei gegen Vorlage des Führerscheins eine zeitlich begrenzte Fahrerlaubnis für beide Inseln ausgestellt.

## Geschichte

1628 kam Anthony Hilton mit einer Gruppe von Bauern von St. Kitts herüber und kolonisierte die Insel. Im darauffolgenden Jahrhundert entspricht die Inselgeschichte der von St. Kitts.

In einer kleinen Kirche auf Nevis kreuzten sich die Lebenswege zweier bedeutender Männer: Alexander Hamilton, 1757 in Nevis geboren, wurde mit 28 Jahren Adjutant des ersten amerikanischen Präsidenten, George Washington. Als Mitglied des amerikanischen Verfassungskonvents hatte er zuvor maßgeblich die Verfassung der Vereinigten Staaten von Amerika mitgestaltet. Hamilton starb 1804 in New York bei einem Duell.

In der St. John's-Kirche in Fig Tree Village, in deren Kirchenchronik die Geburt Hamiltons eingetragen ist, heiratete am 11. März 1787 der Brite Horatio Nelson die Nevisianerin Francis (Fanny) Nesbit, wie in den vergilbten Blättern nachzulesen ist.

Nelson, 1758 in England geboren, war mit 28 Jahren vom britischen Königshaus zum Kapitän der „Boreas" ernannt worden.

Als Admiral besiegte er 1798 die französische Flotte bei Abukir und erkämpfte damit für sein Land die Seeherrschaft im Mittelmeer. Nelson starb 1805 in der Seeschlacht von Trafalgar.

## Navigation

Der Küste von Nevis sind Korallenriffe vorgelagert, nur der Ansteuerungsbereich von Charlestown aus West bis Nordwest ist frei von gefährlichen Untiefen.

Gute Landmarken sind die meist wolkenfreien Berge Round Hill 1020 ft (310 m) – Hurricane Hill – im Nordwesten und Saddle Hill 1250 ft (381 m) im Süden der Insel.

Bei der Ansteuerung von Süden ist auf das Riff vor Dogwood Point zu achten, das sich weiter nach Süden ausdehnt als auf einigen Seekarten angegeben ist. Auch der Totalverlust der 90-ft-Ketsch „Harbinger" an der Südostkante des Riffs weist darauf hin, daß Vorsicht geboten ist.

Der windabhängige Strom setzt hier etwa 1 Knoten in westliche Richtungen. Bei der Ansteuerung von Nevis aus Nordwest ist Cades Point gut auszumachen. Das Cliff Dwellers Hotel auf dem Huk und die Nebengebäude (Cottages) um den Hügel herum sind unverwechselbare Landmarken.

Die *Cades Bay,* 17° 11,3' N/62° 37,2' W, in der Inselsprache auch Tamarind Bay genannt, ist bei Tradewind-Wetter ein schöner Ankerplatz mit sauberem Sandstrand. Die Wassertiefe beträgt bei 200 m Abstand von der Küste etwa 10 bis 11 ft, der Ankergrund ist Sand und Seegras.

*Pinney's Beach* im Norden von Charlestown ist ein beliebter Tagesankerplatz. Hellblaues Wasser, Sandstrand mit schattenspendenden Palmen – Karibik pur!

Beim Ankern sollte der Abstand zum Strand mindestens 200 m betragen, um die Fischer beim Einholen der Netze nicht zu behindern. Pinney's Beach Hotel im Süden der Bucht, leicht zu erkennen am türkisfarbenen Dach, ist spezialisiert auf Fisch und Krustentiere.

# Charlestown

Das pittoreske Bild der kleinen Stadt im Westindienstil hat sich in den letzten 50 Jahren kaum verändert. Alles ist hier auf engstem Raum konzentriert und in wenigen Gehminuten erreichbar.

Einklariert wird im Customs House an der Main Street. Gegen Vorlage der Crewliste werden auf der Polizeistation die Besuchervisa in die Pässe gestempelt. Die Amtshandlung erfolgt in freundlicher Atmosphäre.

Eine besondere Attraktion bietet der Obst-, Gemüse- und Fischmarkt dienstags, donnerstags und samstags vormittags nahe der Pier.

Die Versorgungsmöglichkeiten mit Lebensmitteln sind gut, Diesel und Benzin gibt es an der Tankstelle im Ort, Blockeis im Government Ice Plant nahe der Polizeistation.

Reparaturmöglichkeiten für Rumpf, Rigg und Motor bietet Nevis nicht. Bei Problemen in dieser Richtung empfehle ich, die „Carib Queen" auf Kanal 16 zu rufen oder den Skipper an der Pier anzusprechen; seine Kontakte zu Reparaturdiensten in St. Kitts sind ausgezeichnet.

**Anker- und Festmachemöglichkeiten**

Am besten ankert man außerhalb des Manövrierraumes der Fähre, südlich von der Pier. Die Wassertiefen variieren zwischen 8 und 11 ft, der Ankergrund ist Sand und Seegras.

Man kann das Dingi an der Pier festmachen und über die Leiter an Land gehen.

# Montserrat

Die gebirgige Vulkaninsel liegt etwa 35 sm südwestlich von English Harbour auf Antigua und 35 sm nordwestlich von Guadeloupe auf dem inneren Bogen der Kleinen Antillen. Drei Vulkanberge unterschiedlicher Höhe prägen die Topographie der Insel.

Die bis zu den Gipfeln mit dichtem tropischem Regenwald bewachsenen Bergstöcke, vor allem den Soufriere Hill mit 3000 ft (914 m) als höchste Erhebung im Süden der Insel, kann man an klaren Tagen aus 40 sm Abstand erkennen.

Die Abhänge an der Luvseite sind von vielen Wasserläufen durchzogen und fallen zur Küste steil ab, während an der Westseite die Berge allmählich in Täler auslaufen, wo auch die Anbaugebiete und Siedlungen liegen.

Die schmale Küstenbank an der Westseite geht steil in tiefes Wasser über. Bis auf kurzen Abstand ist diese Küste frei von Untiefen. Die gesamte Ostküste ist von einem Riffband eingesäumt. Der Weststrom an nördlichen und südlichen Huken erreicht etwa 1,5 kn.

Bei der letzten Zählung 1985 betrug die Bevölkerung von Montserrat 11 650 Menschen, 92 Prozent Farbige und Mulatten und acht Prozent Weiße.

Plymouth ist Hauptstadt und Einklarierungsort der Insel. Der Flughafen an der Ostseite ist mit den kleinen Maschinen des Montserrat Air Service über Antigua an das Streckennetz der Nachbarinseln angeschlossen und täglich fünf- bis sechsmal zu erreichen. Ähnlich wie auf St. Barthélemy und Saba ist der Anflug ein wahres Erlebnis, zumal hier der Sinkflug an steilen Felsen entlangführt.

### Geschichte

Als Kolumbus 1493 die Insel entdeckte, wurde er möglicherweise an den Gebirgsstock mit dem Kloster nordwestlich von Barcelona erinnert und gab ihr deshalb dessen Namen, Montserrat. Anfang des 17. Jahrhunderts wurde das Eiland von irischen Familien besiedelt, die wegen ihres katholischen Glaubens hierher flüchteten. Der Völkerschmelztiegel produzierte im Laufe der Jahrhunderte den Afro-Irish-Look, Farbige mit feuerrotem Kraushaar, mit und ohne Sommersprossen; die Vornamen Patrick und Mike trägt man noch heute mit Stolz.

Die Landwirtschaft gab nicht viel her, man spezialisierte sich wie in Irland auf die Schnapsbrennerei und den Bau von Schiffen. Der klassische Karibikschoner wurde hier unter freiem Himmel in großer Stückzahl gebaut. Trotzdem bewegte sich das Prokopfeinkommen der Bevölkerung immer am Existenzminimum. Deshalb wanderten viele junge Einwohner zu den Nachbarinseln aus, was in den Jahren zwischen 1945 und 1978 zu einem erheblichen Rückgang der Bevölkerung auf Montserrat führte.

Die wirtschaftliche Situation verbesserte sich mit dem Ausbau der Infrastruktur ab 1970 und dem Zustrom nordamerikanischer Pensionäre, die sich hier niederließen und dadurch den Immobilienmarkt belebten und Arbeitsplätze schufen.

Den Status einer britischen Kronkolonie mit innerer Autonomie erhielt Montserrat 1967.

### Navigation

Montserrat hat keinen geschützten Hafen, man ankert vor der offenen Westküste auf teilweise tiefem Wasser. In die Törnplanung sind von vornherein Ausweichhäfen auf Antigua oder Guadeloupe einzubeziehen.

Gute Landmarken auf große Entfernung sind

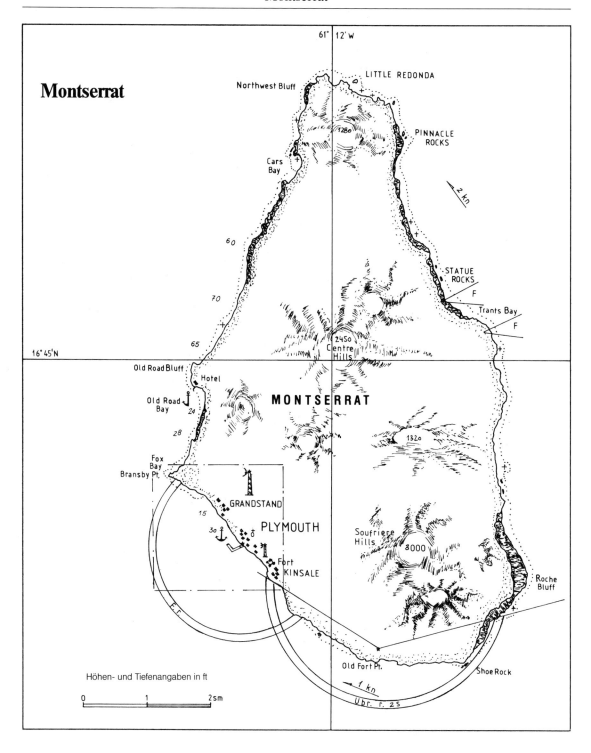

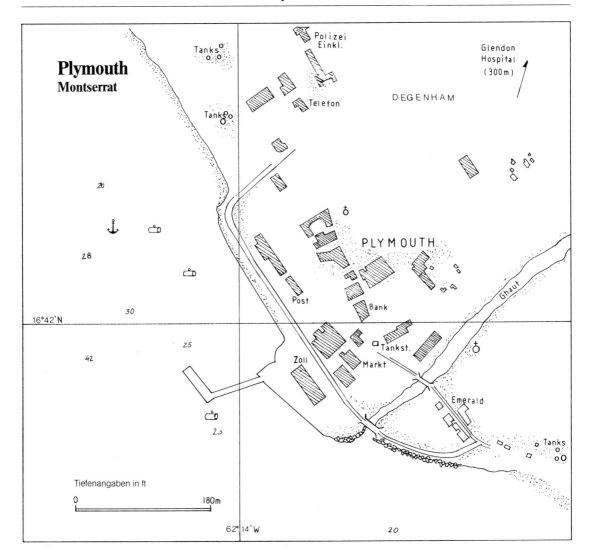

die Berge der Insel; erst nahe der Küste stehen verwendbare Peilpunkte im Ansteuerungsbereich Plymouth zur Verfügung.

**Hinweis**

Bei Wetterverschlechterung mit einsetzendem Schwell sollte man den Ankerplatz verlassen und in See gehen.

# Plymouth

Die Reede vor der im Westindienstil gestalteten Stadt an der Südwestküste der Insel bietet dem Segler die einzige Möglichkeit zu landen.
Man ankert am besten nordwestlich der Pier auf 30 bis 25 ft Wasser, der Ankergrund ist steinig mit Sandflecken. Im britischen West Indies

*Plymouth*

Pilot (Vol. 2) wird der Bereich von der Pier bis in Höhe der Festmachertonnen als Prohibited anchorage (Ankern verboten) ausgewiesen. Nach Auskunft des Hafenmeisters gilt dies für Yachten nur bei schlechten Wetterbedingungen. Ein Festmachen längsseits der L-Pier ist wegen deren Konstruktion und des Schwells nicht möglich. Zum Wasserbunkern kann man nach Abstimmung mit dem Hafenmeister zur Pier verholen und für kurze Zeit über Buganker römisch-katholisch festmachen. Für den Landgang wird das Dingi an der Pier festgemacht (Heckanker).

Die Zollabfertigung wird von freundlichen Beamten im Lagerschuppen am Hafeneingang vorgenommen; das Abstempeln der Pässe und Einklarieren erfolgt unkompliziert auf der Polizeistation im Ort.

Die Restaurants bieten eine große Auswahl an fangfrischen Fischen und Langusten, schmackhaft zubereitet und preiswert. Uns hat besonders die Speisekarte im Emerald Restaurant gefallen.

Die Versorgung mit Lebensmitteln ist mit schweißtreibenden Fußwegen verbunden; Diesel und Benzin gibt es nur per Kanister an der Straßentankstelle, Reparaturdienste sind nicht vorhanden.

Die „Sir Francis Drake" unter Vollzeug in der Karibik. An Bord dieses eleganten Windjammers genießt der Passagier Komfort und Segelromantik

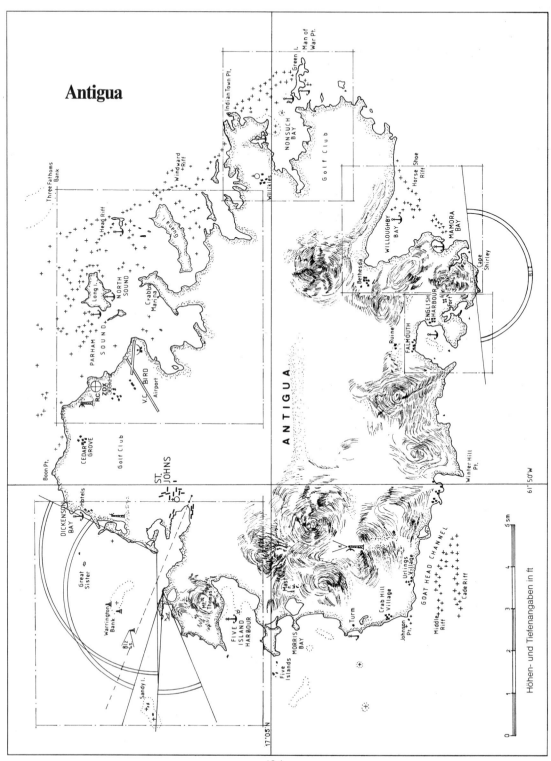

# Antigua

Die 281 qkm große Insel liegt im äußeren Bogen der Kleinen Antillen und ist in Ost-West-Richtung etwa 12 sm lang und in Nord-Süd-Richtung 10 sm breit. Die zentrale Ebene im Norden ist auf korallinen Gesteinsformen aufgebaut, weiter nach Süden wird die vulkanisch geprägte Landschaft zunehmend bergig. Der Poggy Peak im Südwesten bildet mit 1319 ft (402 m) die höchste Erhebung.

Da keine Flüsse vorhanden sind, ist das Wasser auf Antigua knapp: die Wasserversorgung wird aus sieben Reservoirs und den wenigen Quellen sichergestellt.

Die Küste ist stark gegliedert und besonders im Norden und Nordosten von gefährlichen Riffen umgeben. Die tiefen Einbuchtungen und Naturhäfen im Süden der Insel sind ideale Schlupflöcher bei Starkwind und Hurrikangefahr.

Zentrum des Segelsports ist English Harbour, einer der schönsten und sichersten Naturhäfen der gesamten Karibik.

Der Tiefwasserhafen St. John's diente der U.S. Navy im Zweiten Weltkrieg als Stützpunkt, heute legen hier nur Kreuzfahrtschiffe für kurze Zeit an. Für den Segelsport ist der Hafen völlig bedeutungslos.

Die Anlagen der NASA mit den riesigen Parabolantennen zur Überwachung der Raumflüge dürften neben dem strategisch wichtigen Hafen St. John's ein wichtiger Grund für Beiträge der USA zur Infrastruktur von Antigua gewesen sein. Der Ausbau des V.C. Bird Airports mit Drehscheibenfunktion für Flugverbindungen von Europa und Amerika in diesen Teil der Karibik war eine Voraussetzung für den ständig wachsenden Touristenstrom, der etwa 80 Prozent der Devisen ins Land bringt und als größter Wirtschaftsfaktor die Basis für Investition und Beschäftigung bildet.

Die traumhaft schönen Buchten mit den sauberen und gut geführten Hotels, das trockene, gesunde Klima und die exzellenten Wassersportmöglichkeiten haben Antigua zu einer exklusiven Ferieninsel werden lassen.

Von See kommend kann man in einer der palmengesäumten Buchten mit Hotels und Restaurants vor Anker gehen oder in einer von Land unzugänglichen Bucht vor einem der 365 Strände. Die Inselbewohner sind sehr freundlich und höflich; wenn man nicht die Grenzen ihrer Selbstachtung berührt, hat man keine Probleme.

**Geschichte**

Als Kolumbus 1493 die Insel entdeckte, benannte er sie nach der Kirche Maria la Antigua in Sevilla. Die Kolonialisierung durch die Engländer wurde 1632 von St. Kitts aus eingeleitet. Französische Invasoren besetzten Antigua 1666 für 10 Monate. Im Vertrag von Breda ging die Insel wieder in britischen Besitz über, und in den folgenden 300 Jahren wurde sie stark befestigt. English Harbour wurde zu einem wichtigen Flottenstützpunkt ausgebaut.

An die Kolonial-Blütezeit Antiguas im 17./18. Jahrhundert erinnern heute noch die alten Forts rund um St. John's und die zum Teil liebevoll restaurierten Gebäude aus der Nelson-Zeit in English Harbour. Hier übernahm der junge Kapitän Horatio Nelson das Kommando über die Leeward Islands-Flotte, die später wegen ihrer Feuerkraft und ihrer strategischen Überlegenheit so große Erfolge hatte.

Nach der Sklavenzeit verfiel die Insel in einen wirtschaftlichen Dämmerschlaf, aus dem sie Anfang der vierziger Jahre des 20. Jahrhunderts geweckt wurde.

## Politische Struktur

Seit 1981 ist Antigua zusammen mit der Schwesterinsel Barbuda ein unabhängiger Staat im Commonwealth (79 500 Einwohner). Die britische Königin ist Staatsoberhaupt und wird vor Ort vertreten durch den Governor General, der hauptsächlich repräsentative Funktion hat. Das Repräsentantenhaus der Insel setzt sich aus 17 Mitgliedern zusammen, 16 von ihnen gehören der Labour Party an. Regierungschef ist der 78 Jahre alte, sehr konservative Dr. Vere C. Bird, der schon 1966 bei den ersten Unabhängigkeitsbestrebungen eine führende Rolle gespielt hat. Es gilt als sicher, daß einer seiner drei Söhne, Lester Briant Bird, er ist auch schon Minister und stellvertretender Regierungschef, in die Fußstapfen des greisen Vaters treten wird.

Mit der völligen Unabhängigkeit haben Antigua und Barbuda auch die Verteidigung ihrer Hoheitsgebiete selbst in die Hand genommen; es gibt eine nur 200 Mann starke Defense Force.

## Navigation

Bei der Navigation um Antigua gibt es nur zwei Probleme: die Riffe und der miserable Zustand einiger schwimmender und fester Schiffahrtszeichen.

Einige Durchfahrten zu Buchten oder Häfen führen durch verästelte Riffpassagen, zudem stehen wenige zuverlässige Peilpunkte zur Verfügung. Für die gefährlichen Riffgebiete sind kaum Tonnen ausgelegt, wenn man vom Ansteuerungsbereich St. John's Harbour absieht, außerdem ist immer ein Teil der wenigen Tonnen vertrieben oder eingeholt.

Das wichtigste Feuer an der Südküste Antiguas auf Cape Shirley (Blz. (4) 20s 20sm) ist seit Dezember 1986 verloschen. Das rote Warnfeuer auf Poggy Peak, das einzige noch brauchbare Feuer für wenigstens eine Standlinie, brennt unzuverlässig.

Cade Reef und Middle Reef sind völlig unmarkiert, obwohl sie bei wenig Seegang auch bei

*Das Cade Riff an der Südwestküste*

Tag extrem spät zu erkennen sind. Die flachen Stellen etwa 3 sm nordwestlich davon sind nicht weniger gefährlich. Das im BSH-Verzeichnis aufgeführte Feuer auf Sandy Island (Blz. 15s) arbeitet unzuverlässig, zudem stimmt die angegebene Tragweite von 13 sm nicht. Die Bänke und Korallenriffe vor der Nordostküste sind weder markiert noch befeuert.

**Hinweis**

Nach meiner Erkenntnis sollte die Törnroute so geplant werden, daß der Zielhafen spätestens um 15.00 Uhr im Abstand von 5 sm auf der Kurslinie liegt. Peilpunkte und Weg über Grund sind ständig zu überprüfen.
Von Montserrat kommend, fährt man in der Regel gegen Wind und Strom. Die Zuhilfenahme des Diesels ist dann – zumindest auf einigen Abschnitten – die einzige Möglichkeit, einen vernünftigen Zeitplan einzuhalten.
Bei der Ansteuerung von Süden (Guadeloupe) sollte man English Harbour als Zielhafen wählen. Von hier aus kann man bequeme Tagesschläge abstecken und sich allmählich mit den Antiguaverhältnissen vertraut machen.
Für das Revier empfehle ich die Seekarten Imray-Iolaire Antigua A27 und A271.

# Südküste

Die Südküste von Cape Shirley bis Johnson Pt. ist 8 sm lang, mit tief ins Land einschneidenden Buchten. Eine Gefahrenstelle bilden die Riffe südöstlich Johnson Pt. Wählt man die Durchfahrt mit ruhigem Wasser zwischen der Küste und Middle Reef, ist das Middle Reef nur an der Farbe des Wassers zu erkennen, während das äußere Cade Reef an der brechenden See zu lokalisieren ist.

# English Harbour

Dieser schöne, hurrikansichere Naturhafen ist ein Zentrum für den Yachtsport in der Karibik und hat alle Einrichtungen, die der Fahrtensegler braucht.
Zwei Namen sind mit der Geschichte des Hafens eng verbunden: Horatio Nelson, natürlich, und V. Nicholson. Letzterer kam mit Frau und zwei Söhnen im Herbst 1949 mit seinem 70-ft-Schoner „Mollyhawk" auf Antigua an. Von England kommend, wollte die Familie Nicholson nach Neuseeland segeln und dort ein neues Leben beginnen. Der Zwischenstopp in English Harbour und die Zeit danach sollte das Bild des Hafens und das Leben der Nicholsons völlig verändern.
Während die „Mollyhawk" vor Anker lag, begann die Familie bereits im Winter 1949/50 damit, die alten Offiziersunterkünfte auszubauen (es standen nur noch die Mauern). Ein Gebäude nach dem anderen wurde restauriert, Grundlage für einträgliche Geschäfte.
The Admirals Inn wurde 1960 eröffnet. Der „gediegene irisch-englische Lebensstil" und der sichere Hafen waren bereits damals für viele Segler Argumente, English Harbour als Stützpunkt zu wählen.
Antigua Slipway eröffnete 1969 den Betrieb. Man muß gesehen haben, welche sauberen Arbeiten an Holz, GFK und Stahl hier durchgeführt werden, um es zu glauben. Mittlerweile haben sich rund um den Naturhafen kleine Servicebetriebe angesiedelt; die Reparaturmöglichkeiten sind ausgezeichnet.

**Ansteuerung**

Die Ansteuerung bei Tag ist völlig problemlos, die „Herkulessäulen" (natürliche Steinformationen in der Felswand) nördlich Salt Fish Tail

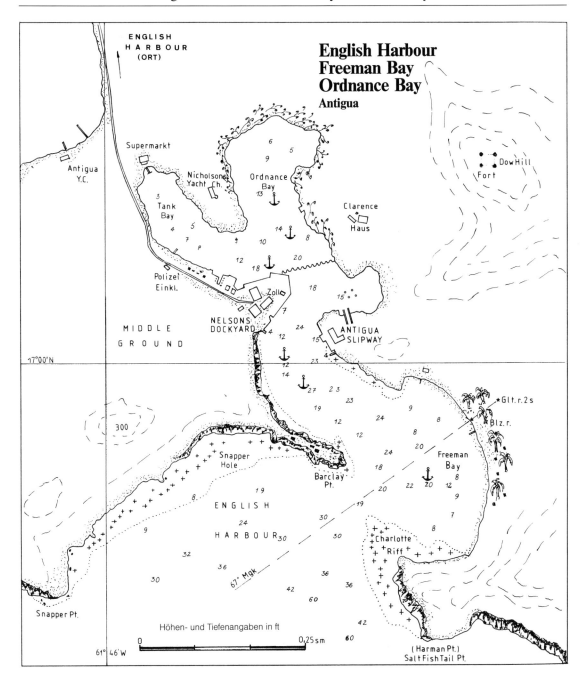

*English Harbour*

Pt. sind gute Landmarken. Eine Gefahrenstelle bei der Einsteuerung ist das Charlotte-Riff, das an den Wasserfarben auch bei gutem Licht erst spät zu erkennen ist. Auf der Standlinie Strandhaus/weißes Hotel auf dem Hügel ist die Durchfahrt frei von Untiefen.

Die Nachtansteuerung ist wegen des verloschenen Feuers auf Cape Shirley gefährlich. Die Richtfeuer Ob-F.Glt.r.2s+U-F.Blz.r. sind erst zu sehen, wenn man schon in der Einfahrt steht.

**Anker- und Festmachemöglichkeiten**

Besonders in den Wintermonaten und während der Antigua Sailing Week Ende April/Anfang Mai ist der Hafen überfüllt, und das Ankern wird zum Geduldsspiel. Am besten ankert man dann zuerst in der Freeman Bay und wartet, bis ein geeigneter Ankerplatz in der Nähe von Nelson's Dockyard frei wird. An Nelson's Dockyard wird römisch-katholisch festgemacht; wichtig ist, daß genügend Kette gesteckt wird; der Anker hält in dem schlammigen Untergrund nicht besonders gut.

Das Hafenpersonal hilft beim Annehmen der Heckleinen und Anschließen des Wasserschlauchs. Wasser ist auf Antigua knapp, 1992 kosteten 120 Gallonen (450 Liter) 5,– US-$.

Einklariert wird direkt am Kai, zum Immigration Office fährt man mit den Pässen am besten mit dem Dingi, dann kann man auf dem Rückweg gleich Eis vom Supermarkt für die durstige Crew mitbringen.

Nelson's Dockyard ist eine Oase für Segler und

# English Harbour

beliebter Ausflugsort der Inseltouristen. Der historische Hafen wurde 1985 als Nationalpark eingestuft, in den restaurierten Gebäuden sind Kleinbetriebe wie Segelmacher, Elektronikreparaturdienste, Schreiner, Bäckerei, Restaurants, Post, Banken und ein liebevoll eingerichtetes Museum untergebracht.

Für größere Lebenmitteleinkäufe fährt man am besten mit dem Dingi zum Supermarkt in die Tank Bay. Hier gibt es neben Obst, Gemüse und Getränken auch Seekarten, Flaggen und Kleinkram für den alltäglichen Gebrauch an Bord. Die Duschen hinter dem Museum sind von 08.00 bis 19.00 Uhr geöffnet.

Liegegebühren: 01. 12. – 31. 05. (Stand 3/92):
*Ankern* 0,03 US-$ pro ft/Tag, 0,15 US-$ pro ft/Woche, 0,50 US-$ pro ft/Monat;
*Dockyard* 0,25 US-$ pro ft/Tag, 1,50 US-$ pro ft/Woche, 5,00 US-$ pro ft/Monat;
*Entry charge/Cruising permit* 25,- bis 35,- US-$, gültig für einen Monat.

In der Zeit vom 1. 6. – 30. 11. ist das Liegen vor Anker gebührenfrei und das Festmachen am Dockyard erheblich billiger.

**Hinweise**

– Das Einklarieren muß vom Skipper sofort vorgenommen werden, die Crew bleibt solange an Bord. Außerhalb der Dienstzeiten wird English Harbour Customs auf Kanal 16 („request for clearance") gerufen.

– Über die Lage und genaue Position der vier Hurrikanketten im Hafen gibt Lesroy James vom Hafenamt Auskunft. Zwei liegen quer durch den Hafen von Antigua Slipway zu einem Anker am Strand in den Mangroven, eine weitere liegt vom Clarence-House-Anleger durch die Ordnance Bay / Tank Bay bis etwa in Höhe der Polizeistation.

– Der Schiffsgrill darf im Hafen nicht benutzt werden.

*Nelson's Dockyard, English Harbour*

# English Harbour / Falmouth Harbour

**Postlagerung**

Briefe für Schiffsbesatzungen werden in Antigua an folgenden Stellen aufbewahrt:
Name
Schiffsname
*c/o Nicholson's Yacht Charter*
(English Harbour)
Antigua W.I.
Aufbewahrungsfrist: 3 Monate
Name
Schiffsname
*c/o English Harbour Post Office*
English Harbour
Antigua W.I.
Aufbewahrungsfrist: 6 Wochen

Name
Schiffsname
*c/o Crabbs Marina and Slipway*
P.O. Box 271
St. John's
Antigua W.I.
Aufbewahrungsfrist: 6 Monate. Aushändigung erfolgt jeweils nur bei Paßvorlage.

# Falmouth Harbour

Die Bezeichnung Harbour ist aus meiner Sicht nur bedingt zutreffend, der Grund in der Bucht ist nämlich an vielen Stellen unrein, einige fla-

*Falmouth Harbour, Bishop Shoal in der Mitte*

# Falmouth Harbour

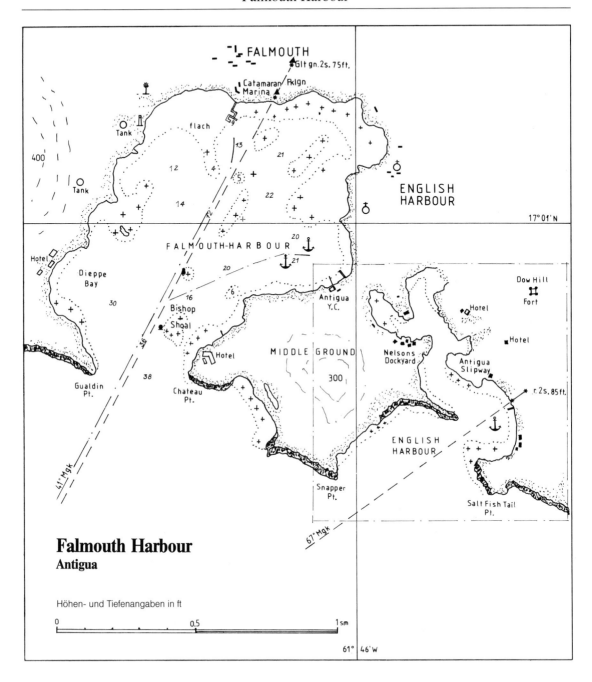

che Stellen sind systemlos durch Bojen (Tonnen) markiert. Im Norden liegen der Ort Falmouth und die Catamaran Marina mit einem kleinen Hotel, im Südosten der Antigua Yacht Club und davor die einzig sichere Reede der Bucht. Die Wassertiefen mit Sanduntergrund müssen nicht den Angaben in den Seekarten entsprechen, auch innerhalb der Fahrrinne wurden bis zu 3 ft geringere Tiefen gelotet als in den amtlichen Mitteilungen angegeben.

Falmouth Harbour ist kein Port of Entry, einklariert wird nebenan in English Harbour, die Polizeistation für das Abwickeln der Paßformalitäten liegt auf halbem Weg dorthin.

**Ansteuerung**

Die ca. 600 m breite Einfahrt zwischen den steil ins Wasser abfallenden Felshuken Chateau Pt. (Blacks Pt.) und Gualdin Pt. (Proctor Pt.) ist gut zu sehen. Die Einsteuerung erfolgt inmitten der Durchfahrt, bis man die – ehemals – schwarze Kugeltonne westlich Bishop Shoal ausgemacht hat. Die Tonne bleibt an Steuerbord, spätestens ab hier ist der Kurs 41 °. Die Mindestwassertiefe in der Fahrrinne bis zur Marina beträgt 12 ft. Weil es unsicher ist, ob alle Bojen ausliegen, wird der Kurs durch Deckpeilung der beiden Tagmarker, zwei rote Dreiecke mit Spitze nach oben an den Richtfeuermasten, überprüft.

**Anker- und Festmachemöglichkeiten**

Die meisten Transityachten gehen im südöstlichen Teil der Bucht vor Anker. Von hier aus hat man kurze Wege mit dem Dingi bis zum Clubanleger.

Die Kosten für das Liegen vor Anker gleichen denen von English Harbour.

## Catamaran Marina

Eigentümer der kleinen, sauberen Marina ist Hugh Bailey, ein ehemaliger Kapitän der Royal Navy, der nach seiner Fahrenszeit hier zunächst Skipper auf Charteryachten war. Als Unternehmer, Hotelier und Minireeder bildete Hugh die Kapitalbasis für den Bau einer Marina.

An den 30 Liegeplätzen wird über Buganker mit Leinen zum Steg festgemacht. Die Anmeldung erfolgt auf Kanal 16/68. Diesel, Wasser und Eis gibt es am Steg, im Marinakomplex sind die Duschen, eine kleine Ships chandlery mit Notreparaturdienst und ein Restaurant untergebracht. Baileys Supermarkt nebenan ist auf Yachtbedürfnisse eingestellt.

Die Liegegebühren vom 1. 11. bis 31. 5. betragen 0,45 US-$ pro ft/Tag, die Wochenrate beträgt 0,30 US-$ ft/Tag, vom 1. 6. bis 31. 10. werden die Gebühren um rund 30 Prozent reduziert. Strom und Wasser werden über Zähler abgerechnet. Duschen kostet 1,50 US-$ und das Längsseitsfestmachen den doppelten Tarif.

Die Marina gilt als absolut diebstahlsicher, die Schiffe werden rund um die Uhr bewacht, so daß man von hier aus ohne Bedenken auf Inselexkursion gehen kann.

## Carlisle Bay

17° 0′ N/61° 50′ W

Die Bucht ist nur von See aus schön, die Bretterbuden hinter dem Palmenstrand sind für Besucher nicht besonders einladend. Die Riffe entlang der Küste erlauben nur das Ankern inmitten der Bucht.

**Jolly Harbour**

In der Morris Bay an der Westküste, südlich Five Island Harbour, entsteht z.Z. eine lagunenartige Ferienanlage mit Marina. Nach Angaben der Betreiber soll die Wassertiefe in der öffentlichen Marina Jolly Harbour 5 m betragen, an den privaten Liegeplätzen vor den Häusern 2,7 m.

# St. John's Harbour

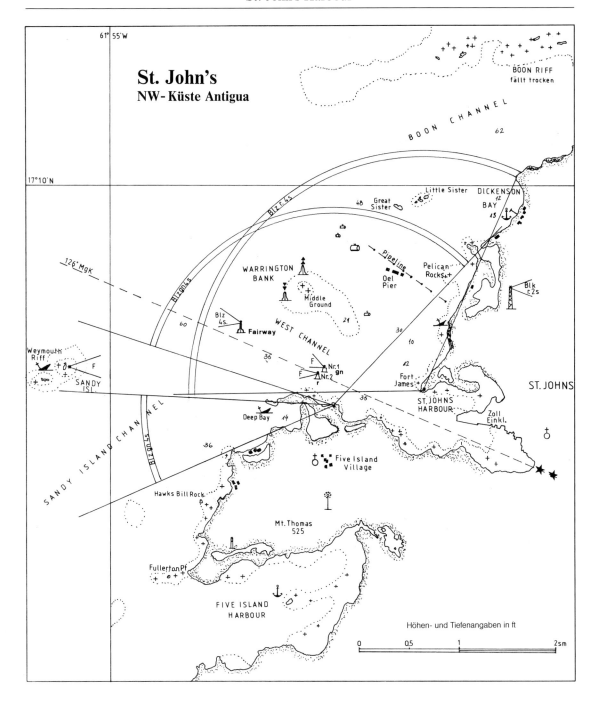

# St. John's Harbour

Für Segler sollte der Grundsatz gelten: St. John's Harbour darf man nur mit dem Auto ansteuern. Es gibt für Yachten keine Festmachemöglichkeiten. Das Ankern ist nur westlich der Pier, wo die Kreuzfahrtschiffe anlegen, möglich, der Ankergrund ist zwar ausgezeichnet, aber die Fahrt mit dem Dingi ist weit, und man muß über Steine und Bauschutt klettern, um an Land zu kommen. Ein Einsteuern in den inneren Hafen ist für Schiffe mit mehr als 5 ft Tiefgang nicht möglich. Service- und Reparaturmöglichkeiten sind in diesem „großen Hafen" nicht vorhanden. The Map Shop in der St. Mary's Street hat die wichtigsten Seekarten vorrätig, Detailkarten sind aber Mangelware.

Lebensmittel und Eis gibt es preisgünstig in der Stadt, die Beschaffung ist allerdings zu Wasser und Land mit langen Wegen verbunden und in der Hitze und dieser Umgebung nicht gerade angenehm.

**Ansteuerung**

Die Ansteuerung ist unproblematisch, die Hafeneinfahrt ist betonnt und befeuert.

# Dickenson Bay

Die nach Westen weit offene Bucht ist bei gutem Wetter ein schöner Ankerplatz und ein idealer Zwischenstopp auf dem Weg nach Barbuda oder Parham Sound.

Die gesamte Bucht ist flach, eine 9-ft-Stelle liegt etwa 0,5 sm westlich vom Restaurantanleger, eine 10-ft-Stelle ist südwestlich Wetherills Pt. Yachten mit mehr als 6 ft Tiefgang sollten die Einsteuerung in die Bucht nordöstlich der Inselgruppe Sisters beginnen. Great Sister ist eine 36 ft (11 m) hohe, im oberen Teil mit Buschwerk bewachsene Insel, Little Sisters im Osten davon sind vier kleine aus dem Wasser ragende schwarze Felsen, die spät auszumachen sind.

*Einfahrt St. John's Harbour*

Bei normalem Tradewindwetter ist das Wasser in der Bucht sehr ruhig, bei Einsetzen von Schwell wird das Liegen vor Anker aufgrund der geringen Tiefen allerdings gefährlich.

Hinter dem 1 sm langen palmengesäumten Sandstrand liegt das Anchorage Hotel, das mit seinen Anlagen zu den schönsten der Insel zählt. Wegen der Preisgestaltung im Hotelkomplex haben sich nebenan kleine Restaurants und ein Supermarkt angesiedelt.

## Die Nordwest- bis Ostküste von Antigua

Das Küstenrevier oder wie man das Gebiet zwischen der Diamond Bank im Nordwesten und Man of War Point im Osten der Insel auch immer nennen mag, ist das gefährlichste Segelrevier der Karibik, und darin sind sich die Skipper von Charteryachten, Frachtschiffen und auch Weltumsegler einig.

Über einen Streckenabschnitt von 17 sm sind der Küste und den Inseln dazwischen Untiefen und Korallen vorgelagert, nur wenige Skipper wagen die Riffdurchfahrten – schon aus versicherungstechnischen Gründen –, weil wenig zuverlässige Peilpunkte vorhanden sind und die Angst im Nacken sitzt, daß sich plötzlich eine Wolke vor die Sonne schieben könnte oder Wind und Strom die Yacht anders versetzen als berechnet.

Will man vom Parham Sound nach Barbuda oder zur Nonsuch Bay, kann ich – bei gutem Licht – nur die Riffdurchfahrt durch das Horse Shoe Reef empfehlen; wegen des starken Seegangs sahen wir die Riffe östlich davon erst relativ spät. Nach meiner Schätzung liegt diese Riff-Formation im 6-ft-Tiefenbereich.

*Die NO-Küste von Antigua*

Auf den östlichen und südöstlichen Kursen außerhalb des Riffs ist das Echolot ein wichtiges Hilfsmittel bei der Navigation, weil der Abstand zu der Küste bzw. zu den Inseln schwer abzuschätzen ist und die 30-ft-Tiefenlinie bis nahe an die nördliche Riffkante geht.

# Parham Sound/North Sound

Der Parham Sound und der North Sound mit den vorgelagerten Inseln Long Island, Maid Island und den Inselchen und Korallenriffen östlich davon sind gegen die Atlantikdünung bestens geschützt. Die Buchten auf der Leeseite der Inseln sind beliebte Ankerplätze bei den Blauwasserseglern. Crabbs Marina im Süden ist Stützpunkt von Sun Yacht Charters.

**Navigation/Ansteuerung**

Die wichtigsten Landmarken für die Einsteuerung in den Boon Channel sind der Gitterturm westlich der Diamond Bank und die Inselgruppe Great Sister/Little Sisters.

Bei meinen Fahrten durch den Boon Channel habe ich tieferes Wasser gelotet als auf den Seekarten angegeben.

Prickly Pear Island muß bei hoher Sonne mit entsprechendem Sicherheitsabstand zum Riff umfahren werden, nördlich Prickly Pear wird der Kurs bis zur ersten Tonne auf 153° MgK abgesetzt.

Die Riffe nordwestlich Long Island sind nur bei Idealbedingungen gut zu sehen. Die Einfahrt in die ausgebaggerte Fahrrinne westlich Maid Island ist durch zwei rote Tonnen markiert. Die gelb-schwarze Tonne kennzeichnet das Korallenriff nordwestlich Maid Island, südlich Maid Island liegt eine rote Kugeltonne.

**Hinweis**

Das Betonnungssystem entspricht nicht den internationalen Richtlinien.

*Crabbs Marina, Parham Harbour*

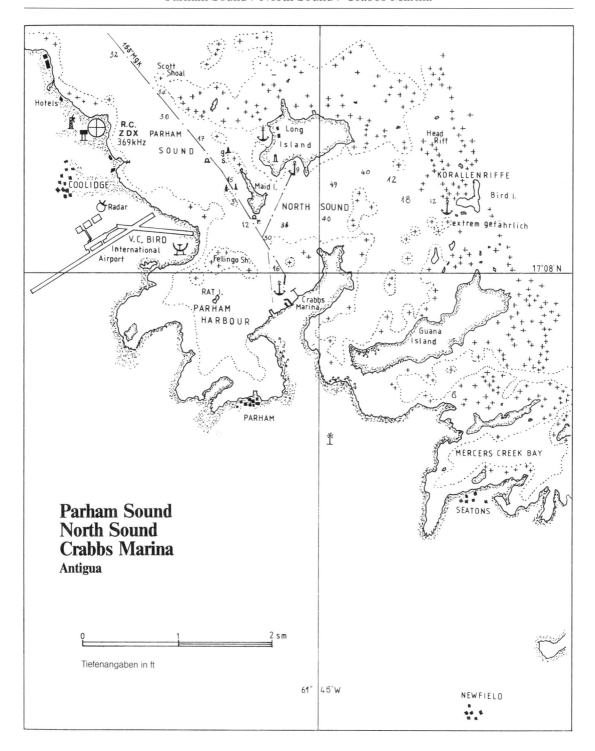

**Parham Sound
North Sound
Crabbs Marina**
Antigua

## Crabbs Marina

Das Umfeld der Marina ist für Postkartenfotos nicht geeignet. Zwischen einer Zementfabrik auf der einen Seite und einer Wasserentsalzungsanlage auf der anderen Seite ist der erste Eindruck nicht überwältigend. Erst nach dem Festmachen erkennt man die Vorzüge, die diese kleine Marina bietet, angefangen vom Einklarieren bis hin zu Reparaturarbeiten am Schiff. An die Duschen ist ein Waschraum angebaut, in dem je zwei Waschmaschinen und Trockner installiert sind. Restaurant, Schiffszubehörladen und ein kleines Lebensmittelgeschäft liegen dicht nebeneinander. Am Fuel Dock gibt es Benzin, Diesel und Wasser. Den Operation Manager William Thomas kann man für die Platzzuweisung auf Kanal 68 rufen. Will man nur die Serviceeinrichtungen benutzen, kann man vor der Marina auf Reede gehen.

## Die Südostküste

Der stark gegliederten Küste und den Buchten sind Korallenriffe und Inseln vorgelagert, die Nonsuch Bay am Ostende der Insel ist wenig besucht, bietet aber guten Schutz.
Gute Landmarken sind die etwa 170 ft (51 m) hohen Inseln Green Island und York Island und das unverwechselbare weiße Haus auf dem Küstenvorsprung südwestlich von York Island.

## Nonsuch Bay

Die Bucht ist durch das trockenfallende Riff im Osten und Green Island gegen Seegang sehr gut geschützt.

Der tiefe Einschnitt im Norden der Bucht wird auf unterschiedlichem Kartenmaterial als Gaynais Bay, Ledcoff Cove, Ledeatt Cove und Clover Leaf Bay bezeichnet.
Von den Seglern, aber auch von amtlicher Seite wird diese magrovenumsäumte Bucht als Hurrikanschlupfloch mit exzellenten Möglichkeiten zum Verspannen des Schiffes empfohlen.
Ayres Creek im westlichen Teil wird von Yachten selten aufgesucht. Bäume wachsen bis ans Ufer – Natur pur.
In Grassfield Cove unterhält der Mill Reef Club einen kleinen Yachthafen für Motorboote und Segeljollen. Mit dem Dingi kann man am Anleger für die notwendigsten Besorgungen wie Eis, Frischfisch (vom Fischer) und Benzin festmachen.
Mein Lieblingsankerplatz allerding liegt nordwestlich von Green Island, zwischen der Insel und dem Riff.
Von hier aus kann man zum Riff oder der Insel schwimmen; der kleine Sandstrand im Nordwesten der Insel ist einer der Punkte, die das ganze Revier unvergeßlich machen.

**Ansteuerung**

Die Einsteuerung von Südosten in die Bucht ist einfacher als sie sich möglicherweise auf der Karte darstellt. York Island bleibt etwa 200 m an Backbord, von hier aus wird der Kompaßkurs auf 340° angelegt. Submarine Rock, ein niedriger dunkler Felsen, wird im Mindestabstand vom 50 m umfahren. Die Durchfahrt zwischen Conk Pt. und der Westhuk Green Island ist ausreichend tief, und die Riffe an beiden Seiten sind gut zu sehen.
Die Augapfelnavigation ist für die Einsteuerung und das Fahren im Riffbereich innerhalb der Bucht am zweckmäßigsten, weil die plötzlich aufragenden Korallenfelsen mit dem Echolot zu spät angelotet werden.

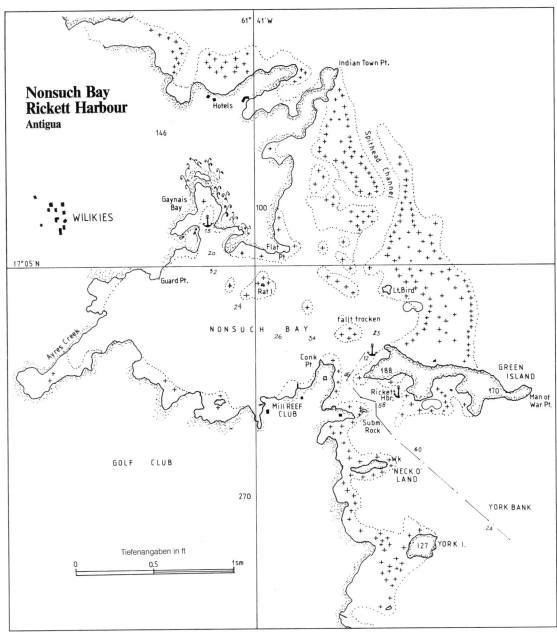

In den Nebenbuchten mit trübem Wasser greift man am besten zum bewährten Handlot.

**Hinweis**

Die Wassertiefen in der nördlichen Einfahrt (Spithead Channel) entsprechen nicht den Kartenangaben. An einigen Stellen beträgt die Wassertiefe nur 5 ft, und der Manövrierraum ist in der Riffdurchfahrt extrem eng.

*Rickett Harbour im S (o.) und Indian Town Point im N (u.) der Nonsuch Bay*

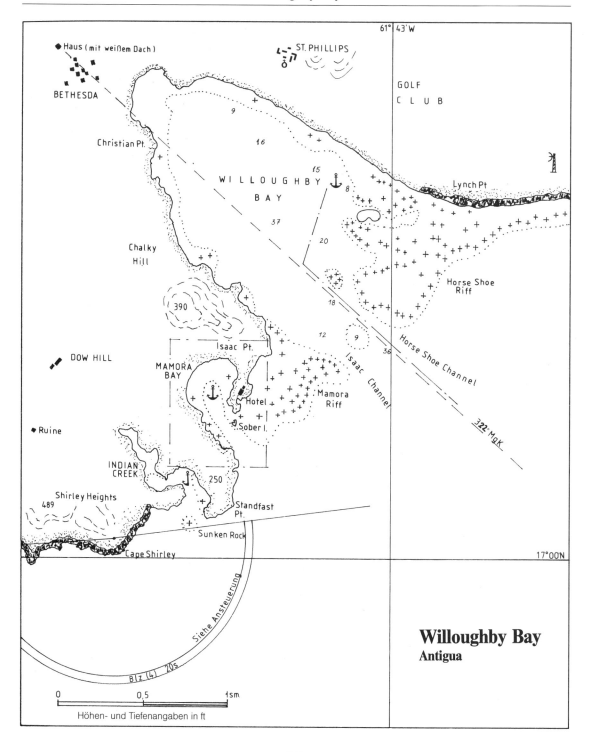

# Willoughby Bay

Die nach Südosten weit offene, aber gegen Seegang und Schwell gut geschützte Ankerbucht wird von Yachten selten besucht. Die absolut ruhige Bucht bietet außer sauberem Wasser zum Schwimmen und exzellenten Schnorchelmöglichkeiten besonders im Horse Shoe Riff westlich von Lynch Point wenig.

Die beiden Zufahrtskanäle in die Bucht sind schwierig zu befahren, die Riffpassage ist nur bei hoher Sonne und ruhiger See möglich. Die Einsteuerung erfolgt durch den Horse Shoe Channel in der Deckpeilung 322° MgP mit Christian Point, einer niedrigen Felshuk an der

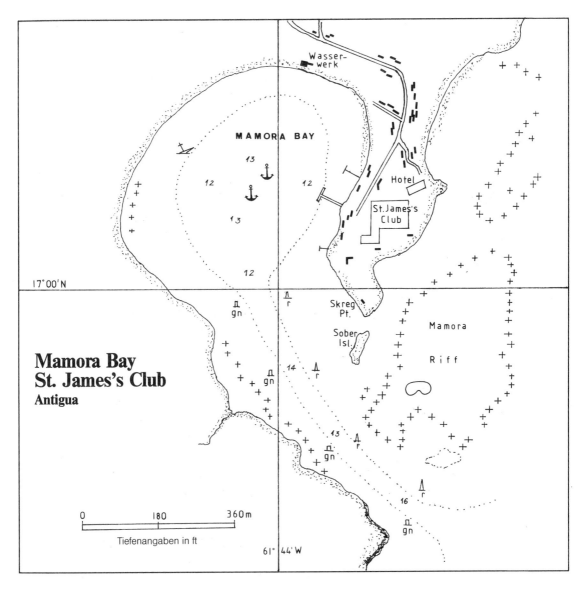

Südwestseite des Scheitels, und dem Haus mit weißem Dach im Ort Bethesda.
Auf diesem Kurs sind die Riffe nahe an Steuerbord gut zu erkennen. Erst wenn man das zweite Riff passiert hat, kann die Kursänderung zum Ankerplatz erfolgen.
Die besten Ankerplätze liegen im nordöstlichen Teil der Bucht auf 10 bis 15 ft Wassertiefe.

# Mamora Bay

In der kleinen Bucht ist man gegen Wind und Seegang völlig geschützt; der exklusive St. James's Yacht Club bietet allen erdenklichen Komfort, alles vom Feinsten. In der sauberen Marina stehen 30 Muringliegeplätze zur Verfügung, 220V/110V Strom, Wasser, Telefon, Diesel und Benzin gibt es am Steg.

Die Liegegebühr beträgt US-$ 0,55 pro ft und Tag, zusätzlich wird die Bordkasse mit US-$ 10,- pro Person für den täglichen Clubausweis belastet, will man die exklusiven Klubanlagen benutzen und das breitgefächerte Angebot wie Reiten, Tennis, Tauchen und Tiefseefischen in Anspruch nehmen.
Das Ankerliegen in der Bucht gibt es zum Nulltarif, der Klubausweis ist in diesem Fall besonders zweckmäßig. Von 08.30 bis 17.00 Uhr kann man den Dockmaster auf Kanal 68 rufen und den Liegeplatz bereits vor dem Einlaufen bestellen.
Bei der Ansteuerung sind die Hotelanlagen und Bungalows des St. James's Club auf der Landzunge östlich der Einfahrt gute Landmarken. Die Durchfahrt durch das Mamora-Riff und die Einfahrt in die Bucht sind mit roten und grünen Tonnen gekennzeichnet.
Im Oktober 1986 wurde der Kanal auf 15 ft Was-

*Mamora Bay*

*St. James's Club, Mamora Bay*

sertiefe ausgebaggert; wir loteten etwa 12 ft. Die 9-ft-Tiefenlinie innerhalb der Bucht ist im Plan eingezeichnet. Die Tauchbasis neben dem Anleger steht unter deutscher Leitung.

# Indian Creek

16° 59′ N / 61° 45′ W

Die kleine stille Bucht nur eine Seemeile östlich von English Harbour wird von Yachten selten besucht. Wegen der plötzlich einsetzenden Fallwinde ankert man am besten inmitten der Bucht auf etwa 12 ft Wassertiefe unter genauer Beachtung des Schwoiradius.

Eine Gefahrenstelle ist die blinde Klippe Sunken Rock kurz vor der Einfahrt.

*Indian Creek, im Hintergrund Mamora Bay*

# Barbuda

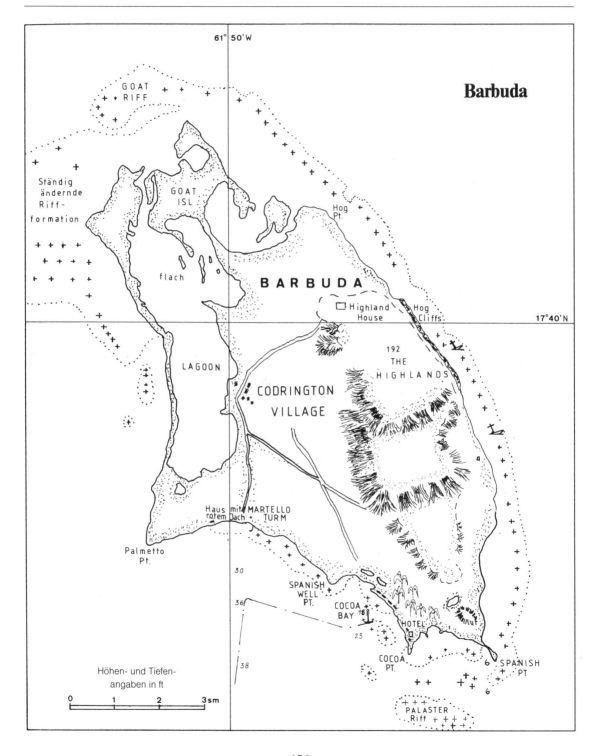

# Barbuda

Endlich mal ein Fleckchen Land im Antillenbogen, das nicht von Kolumbus entdeckt und anno 1493 auch nicht nach einem Heiligen oder einem Klosterberg benannt wurde.

Die flache, von Korallenriffen völlig eingeschlossene, 162 qkm große Kalkinsel liegt fernab der allgemeinen Törnroute der Fahrtensegler.

Die etwa 1500 schwarzen Bewohner sind Nachkommen von Sklaven und leben in Codrington Village, einer Ansiedlung aus Bretterbuden und hübschen Häusern mit kleinen Vorgärten. Touristisch gesehen hat die Insel wenig zu bieten, wenn man von der einmalig schönen Unterwasserwelt absieht. Die Hotelanlagen mit dem Restaurant auf Cocoa Point sind zudem für Yachtcrews nicht zugänglich.

Die Versorgungsmöglichkeiten mit Lebensmitteln und Wasser sowie die Transportmöglichkeiten auf der Insel sind gleich Null.

## Geschichte

Erst 1666 begann man von St. Kitts aus das Eiland zu kolonisieren, die vorangegangenen Versuche der Weißen, hier Fuß zu fassen, scheiterten am heftigen Widerstand der Kariben. Als letztendlich die Kariben vertrieben bzw. ausge-

*Cocoa Point*

rottet waren, wurde 1680 das Eiland von der britischen Krone unter Charles II. an die Gebrüder Codrington für vorerst 50 Jahre verpachtet: für ein fettes Schaf als jährlichen Pachtzins. Für den Ackerbau gab der karge Korallenboden jedoch nicht viel her, und so konzentrierte man sich auf Viehzucht und später auf den Handel mit Sklaven, die auf den Codrington-Besitzungen und den Zuckerrohrfeldern auf Antigua und Barbados dringend benötigt wurden.

Mit Abschaffung der Sklaverei 1884 versiegten auch die Einnahmequellen aus Sklavenhandel und Zuckerrohranbau.

Die restlichen, etwa 500 freigelassenen Schwarzen auf Barbudas Sklavenfarm (dem heutigen Codrington Village) überließ man ihrem Schicksal.

Die Codringtons überbrückten die Rezessionsphase, indem sie vom Mutterland Wildschweine und Damwild heranschaffen und auf Barbuda aussetzen ließen. Von nun an konnte man sich die Zeit mit der Jagd vertreiben.

Der Codringtonvertrag wurde im Juli 1880 aufgehoben, die sozialen Probleme sind allerdings geblieben.

*Spanish Point*

## Navigation

In den mir bekannten Seekarten von Barbuda sind die Untiefen nicht vollständig eingetragen, was möglicherweise auf die ständig wachsende Korallenformation zurückzuführen ist.

Für dieses Revier bevorzuge ich die Imray-Iolaire A26, doch selbst diese Seekarte ist nicht auf dem letzten Stand, was die Korallenstöcke in der Cocoa Bay anbetrifft.

Das bedeutet, daß man sich hier den Weg zum Ankerplatz mit einem gutem Mann im Bugkorb selbst suchen muß.

## Ansteuerung

Die Ansteuerung von Barbuda sollte nur bei stabilem Wetter und gutem Licht erfolgen. Landmarken sind auf der flachen Insel nur wenige vorhanden und erst auf kurzem Abstand zu identifizieren. Für den revierunkundigen Skipper ist die Cocoa Bay im Südwesten der Insel der sicherste Ansteuerungspunkt.

Wenn man den Kurs vom Gitterturm westlich der Diamond Bank zum Martello Tower auf Barbuda absetzt, bleibt man frei von den Codrington Shoals.

Als erste Landmarke auf der Insel erkennt man Steuerbord voraus die Palmengruppe von Cocoa Pt. Der anliegende Kurs wird gehalten, bis man das Haus mit rotem Dach nordöstlich Palmetto Pt. und Cocoa Pt. identifiziert hat.

Seit April 1989 liegt östlich vom Martello Tower ein riesiger weißer Sandhaufen, westlich von Spanish Well Pt. wurden oberhalb des weißen Sandstrandes neue Ferienhäuser errichtet.

## Hinweise

Etwa eine Kabellänge nordwestlich vom Gitterturm liegt eine blinde Klippe, die nur bei hoher Sonne an der grünen Wasserfärbung zu erkennen ist (auf einigen Seekarten nicht eingetragen). Palmetto Point ist als Landmarke nicht zu verwerten.

Martello Tower, auf Seekarten und in einem Hafenhandbuch als unverwechselbarer Peilpunkt angegeben, ist mit Buschwerk zugewachsen und selbst mit dem Glas spät zu erkennen.

## Ankermöglichkeiten

Die sichersten Ankerplätze in der Cocoa Bay liegen etwa 800 m vor dem Sandstrand auf 20 ft Wassertiefe in der Kompaßpeilung 125° Coco Lodge.

Die Cocoa Bay mit ihren herrlichen weißen Stränden und der noch intakten Unterwasserwelt ist nach meinem Verständnis der schönste Ankerplatz der Gewässer von Antigua und Barbuda.

## Hinweis

Wenn im Winter die Grundsee in die Bucht rollt, ist ein Liegen vor Anker nicht möglich.

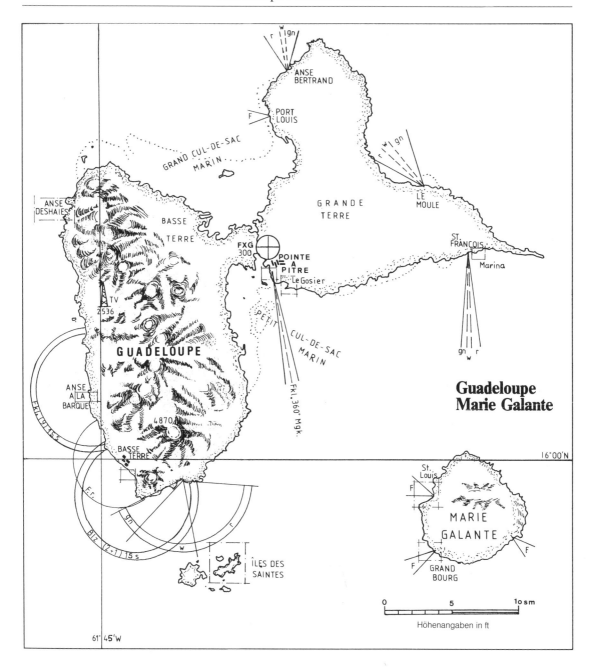

# Guadeloupe und Nebeninseln

Bevor Kolumbus am 4. November 1493 die Insel entdeckte, wurde sie von ihren damaligen Bewohnern Karukera genannt, was soviel bedeutet wie Insel der schönen Wasser.
Kolumbus gab ihr den Namen Guadeloupe, nach einem Kloster im spanischen Estremadura, zu dem er nach seiner ersten Westindienreise eine Pilgerfahrt unternommen hatte.
Auch wenn der Name geändert wurde, die „schönen Wasser" von tiefblau bis smaragdgrün rund um die Insel und die zahlreichen Flüsse, Bäche und Wasserfälle im Landesinneren sind immer noch vorhanden.
Aus der Vogelperspektive betrachtet, hat die Insel die Form eines riesigen Schmetterlings, mit den schönsten Grünfarben auf den Flügeln und einer braunen Taille in der Mitte, dem Rivière Salée, der die Inseln voneinander trennt.
Die Topographie und der Landschaftscharakter beider Inselhälften sind völlig unterschiedlich: Grande Terre, der östliche Teil, liegt auf dem äußeren, korallinen Antillenbogen und ist eine flache Kalkinsel mit weiten Zuckerrohrplantagen und schönen Palmenküsten.
Die westliche Inselhälfte, Basseterre, mit schroffen Steilküsten und bewaldeten Gebirgen ist vulkanischen Ursprungs, der aktive Vulkan Soufrière (16° 03′ N/61° 40′ W) bildet mit 1467 m die höchste Erhebung.

**Geschichte und Gegenwart**

Die erste Besiedlung erfolgte 1635 durch Franzosen; in wenigen Monaten landeten 600 Kolonisten an der Westseite der Insel. Sie hatten keine Erfahrung mit tropischer Landwirtschaft. Der Dominikanerpater Père Labat, dessen Spuren überall in der Karibik zu finden sind, unterwies die Bauern im gewinnbringenden Anbau des Zuckerrohres. Gleichzeitig nahm er eine Schlüsselposition in der Verteidigung der Insel gegen die englischen Erzfeinde ein.
Erst die Sklaven aus den französischen Besitzungen in West-Afrika ermöglichten eine großflächige Bewirtschaftung der Insel und damit große Gewinne aus dem Export.
Wirtschaftsinteressen waren auch ein Grund für die Spannungen zwischen England und Frankreich, die zu mehreren englischen Invasionen auf Guadeloupe führten. 1759 ging die Insel für vier Jahre in englischen Besitz über; der Dreieckshandel Afrika – Westindien – Europa wurde weiter ausgebaut. In einem Tauschgeschäft kam Guadeloupe aber 1763 wieder zu Frankreich zurück, und der Handel erreichte einen neuen Höhepunkt.
Am 12. April 1782 segelte der fanzösische Admiral de Grasse mit einer Flotte von 34 Kriegsschiffen und 148 Frachtseglern zwischen Guadeloupe und der Inselgruppe Les Saintes mit dem Ziel Santo Domingo. Diese Chance ließ sich der englische Admiral Rodney, der mit seinen Kriegsschiffen im Schutz der Inseln auf Lauerstellung lag, nicht entgehen. Dank seiner überlegenen Taktik und der besseren Koordination innerhalb der Flotte – mit Hilfe eines neuen Signalcodes – konnte Rodney die Franzosen vernichtend schlagen. Diese Seeschlacht, in der etwa 10 000 Franzosen und nur 100 Engländer den Tod fanden, ging in die Geschichte als „Battle of the Saintes" ein. Trotz des englischen Sieges war Frankreich in dieser Region in der stärkeren Position, und 1815 wurde Guadeloupe vom Wiener Kongreß endgültig Frankreich zugesprochen. 1946 wurde aus der französischen Kolonie ein Überseedépartement, zu dem auch St. Barthélemy, St. Martin und die Guadeloupe vorgelagerten Inseln gehören.

Keine der verbliebenen Überseebesitzungen ist politisch und wirtschaftlich so eng mit dem Mutterland Frankreich verbunden wie die französischen Antillen.
Die wirtschaftlichen Säulen sind der Handel mit Agrargütern und der Tourismus, der in den letzten Jahren stark zugenommen hat. Trotzdem muß Paris Milliarden in den Haushalt seiner karibischen Départements stecken. Ein kreolisches Sprichwort lautet: „Sac vide pas ka tien 'n doubout." – Ein leerer Sack steht nicht aufrecht!

# Die Westküste von Guadeloupe

Auf der 28 sm langen Strecke von Pointe Allègre im Norden bis Pointe du Vieux Fort, der Südwesthuk der Insel, verläuft die 20-m-Tiefenlinie nahe am Land. Die Gebirgsausläufer fallen an der Küste steil ab, das Liegen vor Anker ist selbst bei gutem Tradewindwetter nur in zwei Buchten möglich. Die Marina de Rivière Sens

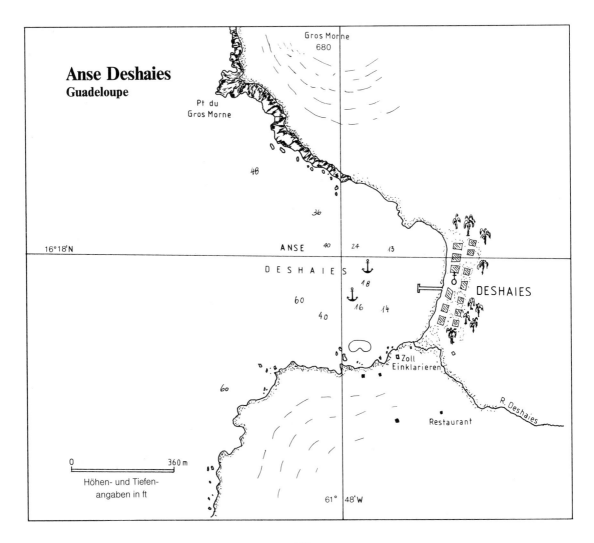

kann nur von Yachten mit weniger als 1,65 m Tiefgang angelaufen werden.

Der Strom setzt vor der Westküste in südliche Richtungen, in der Umgebung von Pointe du Vieux Fort und den Îles des Saintes kann es je nach Richtung und Stärke des Windes zu starken Stromwirbeln kommen.

# Anse Deshaies

Von Antigua kommend ist die Ankerbucht Anse Deshaies der ideale Ort für den Landfall. Der auffallende dunkle Küstenvorsprung Pte. du Gros Morne ist eine gute Landmarke für die Ansteuerung. Die Farben des Wassers, die palmenumsäumte Bucht und der pittoreske Ort Deshaies mit weißer Kirche und rotem Turm – das ist wahrlich Frankreich von seiner schönsten Seite. Man ankert in glasklarem Wasser auf etwa 18 bis 20 ft Wassertiefe, der Ankergrund ist weicher Sand. Die Saumriffe und Unterwasserfelsen an den Rändern der Bucht sind ideale Schnorchelgebiete.

In Deshaies wird einklariert. Wenn man das Dingi an der kleinen Pier festgemacht und die ersten Speisekarten für das Abendessen studiert hat, folgt man dem beschilderten Weg mit der Aufschrift „Gendarmerie" zum Einklarierungsbüro auf dem Hügel. Sind die Schiffspapiere – was auf einigen französischen Charteryachten fraglich ist – in Ordnung, so werden die Zoll- und Einreiseformalitäten schnell erledigt sein. Die wichtigsten Lebensmittel und frisches Stangenbrot gibt es in den kleinen Lädchen in den Seitenstraßen; die Restaurants sind gut, aber teuer.

Unbedingt zu empfehlen ist eine Wanderung entlang des Deshaiesflüßchens im Schatten des tropischen Regenwaldes. Man findet kleine Wasserfälle, poolartige Becken mit klarem Quellwasser zum Baden und vielerlei tropische Früchte.

*Anse Deshaies*

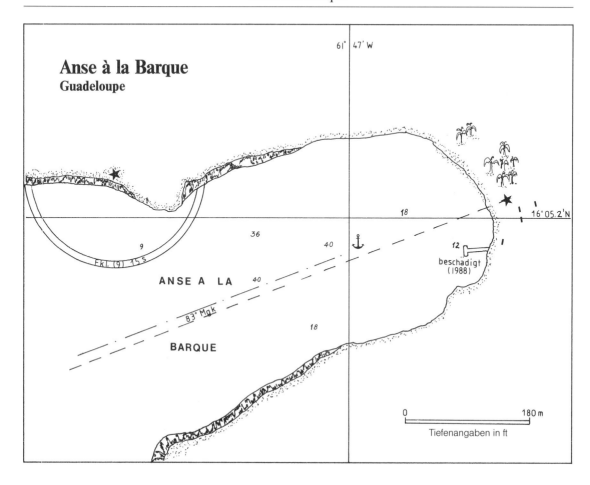

# Anse à la Barque

Die Bucht bietet guten Schutz und ist frei von Untiefen. Nur wenige Yachten gehen hier vor Anker.

Der 7 m hohe gelbe Turm mit schwarzen Streifen an der Nordseite der Einfahrt ist eine sichere Landmarke, der weiße Turm des Leitfeuers am Scheitel der Bucht ist erst bei der Einsteuerung zu sehen.

Das Feuer auf der Einfahrtshuk wird in den englischen, französischen und deutschen nautischen Unterlagen mit den unterschiedlichsten Farben und Kennungen angegeben. Bei einer schwierigen Nachtansteuerung im Mai 1988 hatte ich deshalb einige Probleme. Es war dunkel wie im Tintenfaß, als wir auf die Küste zusteuerten. Erst im Abstand von 5 sm zählten wir die Kennung Fkl.(9) 4 s. Diese stimmte allenfalls leidlich mit den Angaben im BSH-LfV 2108 / Nr. 23950 überein, in dem das Feuer mit Fkl.(9) 15 s 9 sm steht.

Ein Unglück kommt selten allein: Wir wußten zum Zeitpunkt der Ansteuerung noch nicht, daß das Leitfeuer im Inneren der Bucht verloschen war. Es kostete schon einige Überwindung, das Schiff gegen die schwarze Wand zu steuern, zu-

*Anse à la Barque*

mal der einzige Ankerlieger in der Bucht kein Licht gesetzt hatte. Plötzlich war auch noch die Schiffselektrik gegen uns, denn wie von böser Geisterhand ausgeschaltet, gab unser Echolot seinen Geist auf, und der Weg zum Ankerplatz mußte von Hand ausgelotet werden.

Nachdem wir uns überzeugt hatten, daß der Anker hält, wurde die letzte Flasche Pommery aus der Eisbox geholt, zwecks Streßabbau. Jetzt kam auch endlich der Mond über die Berge, und die Welt war wieder in Ordnung. Das Leitfeuer war im Herbst 1991 immer noch verloschen.

## Basse Terre

16° 00' N / 61° 44' W

Basse Terre an der Südwestküste der gleichnamigen Inselhälfte ist Hauptstadt von Guadeloupe und Sitz des Präfekten und der Verwaltung. Im Tiefwasserhafen machen nur Bananenfrachter und Fährschiffe fest, Anleger für Yachten sind nicht vorhanden.

Das Ankern auf der weit offenen Reede von Basse Terre ist äußerst schwierig, denn die Küstenbank fällt steil ins Meer ab; zudem besteht der Ankergrund aus Sand und Kies über Felsen oder aus blankem Fels.

### Hinweis

Die Leuchtfeuer werden in den nautischen Unterlagen mit widersprüchlichen Kennungen und Farben angegeben, am besten orientiert man sich am BSH-Leuchtfeuerverzeichnis. (Blz. w/gn. 4s 9sm). Selbst die französische Karte war 9/91 nicht auf dem letzten Stand.

## Port de Rivière Sens (Marina)

Die Marina liegt etwa 1,5 sm südöstlich Basse

# Port de Rivière Sens

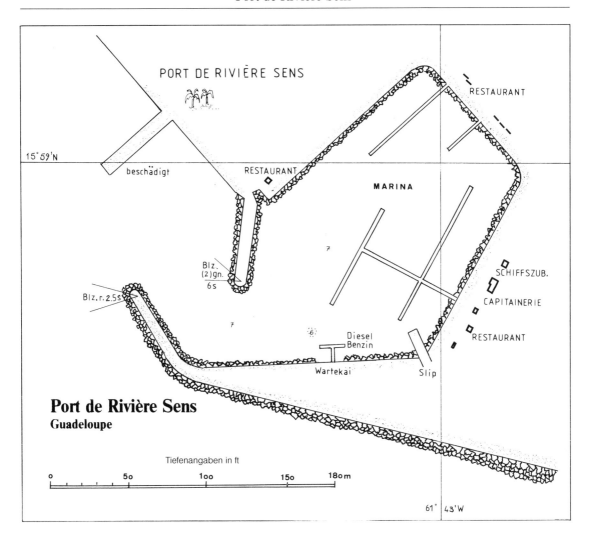

Terre. Ihr Schwerpunkt ist anscheinend die Gastronomie; die Serviceeinrichtungen sind dagegen verbesserungsbedürftig.

In einem französischen Handbuch wird die Wassertiefe im Hafenbecken mit 3 m angegeben, und so hatte ich keine Bedenken, die Marina anzulaufen. Zudem hatten wir in den letzten Tagen beim Ankerliegen unseren Wasservorrat stark reduziert und freuten uns auf die Dusche und das Abendessen an Land.

Fender draußen, Festmacherleinen klar, liefen wir in die Marina ein, als ich ein zähes Schrubben unter dem Kiel spürte. Zum Schlüsselerlebnis aber kam es erst kurz vor dem Wartekai. Zum ersten Mal in meiner langjährigen Segelpraxis hatte ich Grundberührung – und gleich mit blankem Fels. Ich dachte: Das ist kein Hafen für Schiffe mit 1,9 m Tiefgang – und ging außerhalb der Einfahrt vor Anker.

Der zweite Anlauf mit dem Beiboot klappte besser, und der Hafenmeister mußte sich einiges anhören.

In und an der Marina wird immer noch gebaut; 1988 wurden die beiden Molenkopffeuer angezündet H: Blz. r. 2,5 s und Blz. (2) gn. 6 s (außer Betrieb 9/91).

**Ansteuerung**

Ganz gleich aus welcher Richtung man kommt, die lange Mole mit den aufgeschütteten Steinquadern und den Masten dahinter ist gut zu erkennen. Der Ansteuerungsbereich ist frei von Untiefen. Der Hafen ist durch die Berge im Norden und den Mont Caribe gut geschützt.

# Die Südostküste von Guadeloupe

Sie liegt im Luvbereich der Insel und verfügt über keine sicheren Ankerplätze. Der Küstenstreifen bis Sainte Marie ist gespickt mit Korallenbänken, der Sicherheitsabstand zur Küste sollte mindestens eine Seemeile betragen. Nördlich Sainte Marie ist die gesamte Petit Cul-de-Sac Marin mit Riffen und Untiefen versehen, nur die Einfahrt in den Hafen von Pointe-à-Pitre ist betonnt.

# Pointe-à-Pitre

16° 14′ N/61° 32′ W

Der Handelshafen von Pointe-à-Pitre ist für Segler wenig attraktiv. Schmutz, Lärm und Gestank schrecken besonders die Chartercrews vom Besuch ab, hier gehen eher die Segler mit langen Bärten im Gesicht und unter dem Schiff vor Anker oder Weltumsegler, denen das Liegen in den Marinas zu teuer ist.
Die Öffnungszeit der Gabarrebrücke wurde auf 05.00 Uhr festgesetzt, den Rivière Salée sollte man ohne Lotsen nur bei Tageslicht befahren.

## Marina du Bas-du-Fort

Die neue Marina du Bas-du-Fort ist das Zentrum des Segelsports von Guadeloupe mit allen erdenklichen Serviceeinrichtungen, Reparaturmöglichkeiten und ausgezeichneten Restaurants.
Der Wartekai, mit Tankstelle für Diesel und Benzin, liegt vor der Capitainerie, die Dienstzeiten der Capitainerie/Tankstelle sind Montag bis Freitag von 08.00–12.00 und 15.00–17.00, Samstag von 08.00–11.00 und Sonntag von 09.30–11.30 Uhr.
Das Einklarierungsbüro nebenan hat an Werktagen von 08.00–10.00 und 15.00–17.00 Uhr geöffnet. Ein ausführlicher Wetterbericht ist am Eingang der Capitainerie um 08.15 Uhr im Aushang.
Alle 320 Liegeplätze sind mit Wasser- und Stromanschluß ausgestattet, die Platzzuweisung erfolgt in der Regel über Kanal 16/09, Rufzeichen: Bas-du-Fort Marina, oder man macht längsseits für Informationen am Wartekai fest.
Hafenmeister: Tel. 90 84 85/90 80 30
Telex 9 19 889 GL.
Liegegebühren (FF, incl. Wasser und Strom):

|  | bis 4 Tage | ab 5. Tag |
|---|---|---|
| 9,5–11 m | 104,– | 80,– |
| 11–13 m | 136,– | 102,– |
| 13–15 m | 171,– | 127,– |

Wasser: 1–1000 l = 55,– FF pauschal.
Telexdienst: Telex senden, Telexgebühr plus 28,– FF. Telex empfangen, Zustellgebühr 15,– FF.
Die Schiffszubehörläden im Marinakomplex

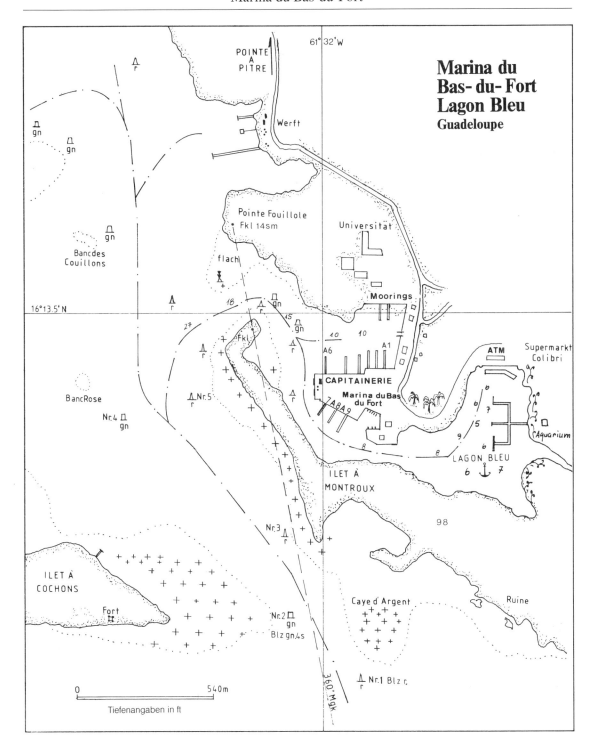

liegen nur wenige Gehminuten auseinander und sind gut sortiert.

Im nordöstlichen Teil der Marina hat die Charterfirma Moorings ihren Stützpunkt. Der gut durchorganisierte Betrieb ist beispielhaft, was Service und Zustand der Schiffe anbetrifft. In unmittelbarer Nähe der beiden Stege sind neue Betriebsräume mit Werkstätten entstanden.

Die Lagon Bleu ist ein bevorzugter Ankerplatz bei Starkwind und ein sicheres Hurrikanschlupfloch.

Im nördlichen Teil hat die Charterfirma ATM ihre Basis.

**Ansteuerung Pointe-à-Pitre**
Die Ansteuerung von Pointe-à-Pitre und die Riffdurchfahrt sind wegen des sehr guten Betonnungs- und Befeuerungssystems problemlos.
Die Richtfeuer Fkl. jeweils 60 Blitze / min führen in Linie 348° (360° MgK). Auch die Einfahrt in die Marina ist nach dem System der amerikanischen Seitenbezeichnung betonnt.

# Le Gosier

Die Gegend um den Ort Le Gosier wird von

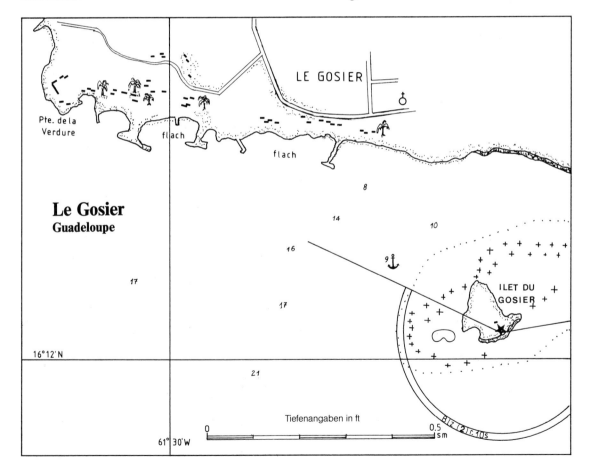

Franzosen wegen der schönen Badestrände als „Riviera der französischen Antillen" bezeichnet.

Ein guter Tagesankerplatz liegt westlich der kleinen Insel Ilet du Gosier, gut geschützt durch ein vorgelagertes Riff.

# Marina du St. François

Die kleine Marina liegt versteckt und gut geschützt durch ein vorgelagertes Riff im östlichen Teil von Guadeloupe.

Rund um die Marina haben sich Restaurants, Boutiquen, Lebensmittelläden und ein Autoverleih angesiedelt. Frischfisch gibt es gelegentlich von den Fischern, die von Desirade hierherkommen, um ihren Fang zu verkaufen.

### Einsteuerung

Die Riffdurchfahrt ist unter normalen Wetterbedingungen problemlos, die Einfahrt in die Passe Champagne wird durch die grüne Leuchttonne PC 2 Blz. gn. 4s markiert.

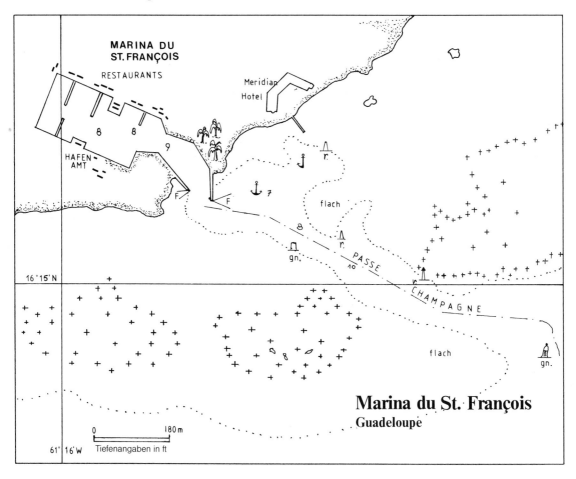

# Marina du St. François

*Marina du St. François und Passe Champagne*

**Anker- und Festmachemöglichkeiten**

Nach dem Einlaufen macht man am besten für kurze Zeit längsseits am Wartekai vor dem Hafenamt für die Platzzuweisung fest. Die Crew sollte an Bord bleiben, um rechtzeitig bei einlaufender Fähre verholen zu können, die ebenfalls am Wartekai festmacht.

Alle Liegeplätze sind mit Muringbojen ausgestattet. Sollte die Marina überfüllt sein, kann man östlich der Einfahrt oder südlich vom Meridian Hotel vor Anker gehen.

# Marie Galante

Die runde, flache, 140 qkm große Insel bietet dem Segler nicht viel, das Ankern ist nur bei gutem Wetter auf den Reeden von Grand Bourg und Saint Louis möglich. Zuckerrohrfelder und Windmühlen bestimmen das Bild der Insel.

## Saint Louis

Die Reede von St. Louis ist frei von Untiefen. Die Wassertiefe beträgt etwa 12 ft und nimmt zum Ufer allmählich ab.
An der kleinen Betonpier machen Fährschiffe und Fischerboote fest, bei der Wahl des Ankerplatzes sollte man den Manövrierraum freihalten.
Der Ort mit seinen freundlichen Bewohnern ist nicht auf Touristenströme eingestellt, die notwendigsten Lebensmittel und Getränke gibt es in den kleinen Lädchen bis tief in die Nacht.

### Ansteuerung

Von Pointe à Pitre kommend sieht man die Insel als flache Hochebene. Näherkommend erkennt man zwei weiße Steilküstenflecken und südlich davon die hellen Häuser von St. Louis und die silberfarbenen Öltanks.
Am besten ankert man südwestlich der Pier auf

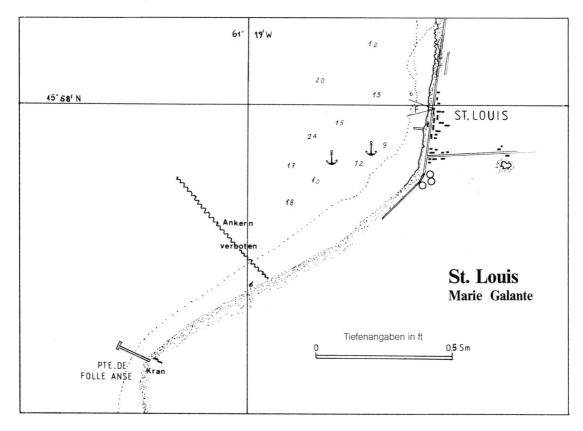

etwa 12 ft Wassertiefe, der Ankergrund besteht aus Felsen mit Sandflecken.

**Hinweis**

Nordöstlich von Pte. de Folle Anse besteht striktes Ankerverbot, von hier aus führen zwei Unterwasserstarkstromkabel in Richtung Guadeloupe.

# Grand Bourg

Der verschlafene Ort liegt an der Südwestküste und ist Sitz der Inselbehörde. Wegen des ständigen Schwells wird Grand Bourg von den Seglern gemieden, selbst hinter dem Riff liegt man noch unruhig.

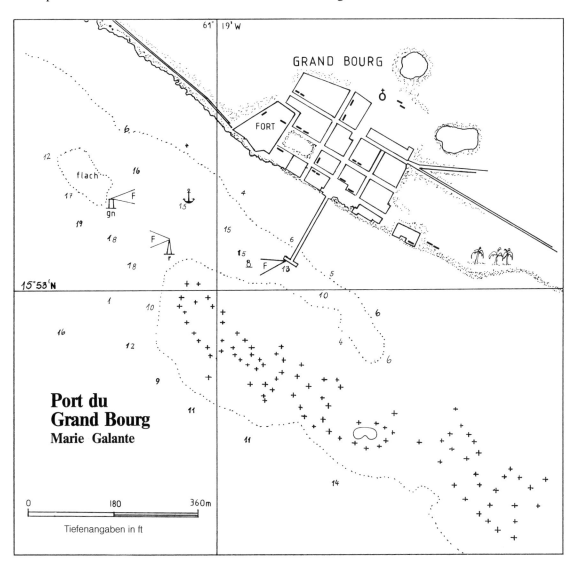

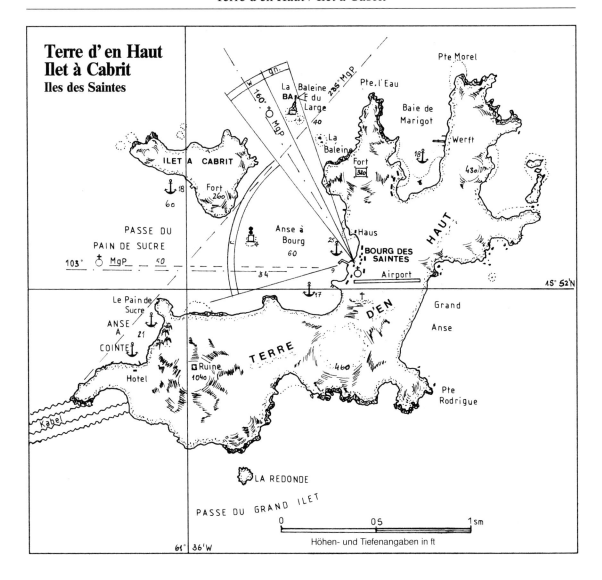

# Îles des Saintes

Die Inselgruppe setzt sich aus fünf kleinen Inseln zusammen. Die beiden Hauptinseln Terre d'en Bas und Terre d'en Haut sind mit 284 m bzw. 316 m fast gleich hoch, doch was die Formgebung und Bevölkerung anbetrifft, völlig unterschiedlich.

Die Terre d'en Bas im Westen mit ihrer nahezu runden Form ist fast ausschließlich von Mulatten und Schwarzen bewohnt, Terre d'en Haut im Osten dagegen ist stark gegliedert mit herrlichen Buchten und Ankerplätzen. Die weißen Einwohner sind Nachkommen französischer Siedler aus der Normandie, die bislang frisches Blut für die Nachkommenschaft von der Insel fernhielten. Im Gegensatz zu den Gewohnheiten auf den übrigen französischen Antilleninseln wurde der „Erbbedarf" auf der 4 qkm großen Insel aus eigenen Reihen gedeckt, was zu Krankheiten durch zunehmende Inzucht führte. An diesem Zustand haben auch die Wochenendurlauber von Guadeloupe und die Segler vieler Nationen, die in der romantischen Bucht vor Bourg des Saintes vor Anker gingen, bislang nichts ändern können.

## Terre d'en Haut

Für meine Begriffe ist die Insel mit ihren vielen Buchten und palmenumsäumten Stränden eine der schönsten Karibikinseln in den Leewards. Besonders an den Wochenenden sind die Ankerplätze rund um die Insel Ziele der Yachties vom benachbarten Guadeloupe. Obwohl Pointe à Pitre nur wenige Seemeilen entfernt liegt, ist das Klima hier bedeutend stabiler, und die Regengüsse sind seltener, ein Grund, warum das Wasser auf Terre d'en Haut knapp ist.

## Bourg des Saintes

Der malerische Ort liegt versteckt in der Anse du Bourg und ist ein beliebter Treffpunkt für Segler aus aller Welt.

Besonders, wenn man von Dominica kommend hier vor Anker geht, werden die Kontraste sehr deutlich, was die Sauberkeit der Insel und die Lebensart ihrer Bewohner anbetrifft. Viele der schmucken Häuser sind „Sommerhäuser" der Guadeloupianer, die aus dem Gewächshausklima hierher flüchten.

Die Restaurants entlang der Wasserfront sind auf Fisch und Krustentiere spezialisiert, empfehlenswert finde ich die Menüs in der Speisekarte vom „Foyal".

Die Versorgungsmöglichkeiten in den Saintes sind, außer für Lebensmittel, stark eingeschränkt. Wasser bunkern kann man nur in der Werft Chantier Naval in der Baie Marigot. Die Werft macht einen guten Eindruck, für Arbeiten am Unterwasserschiff werden die Schiffe mittels Schienenslip an Land gebracht.

Lebt man weiter an Bord, kann man die Duschen und Toiletten während der Werftarbeiten benutzen, ein großer Kühlschrank steht ebenfalls zur Verfügung. Benzin und Diesel gibt es seit 1989 an der ersten Mole, die Wassertiefe läßt ein Festmachen für Yachten mit mehr als 1,3 m Tiefgang nicht zu, zudem liegen um den Molenkopf verstreut einige Felsbrocken. Die Tankstelle hat ein gutes Sortiment an Angelzubehör.

Auf dem Landweg ist die Werft über einen Trampelpfad – mit weißen Pfeilen gekennzeichnet – entlang des Wassers erreichbar. Den Fußmarsch zum Fort Napoléon macht man am besten in den Morgenstunden.

Anse du Bourg / Anse à Cointe

*Anse du Bourg (o.) und Anse à Cointe, Terre d'en Haut (u.)*

## Ansteuerung Anse du Bourg

### Passe de la Baleine

Bei der Ansteuerung von Norden erfolgt die Durchfahrt zwischen Ilet à Cabrit und der grünen Leuchttonne BA Blz. (2) gn. 6s. Wenn man den Kirchturm mit roter Spitze in 160° auf dem Kompaß peilt, fährt man diesen Kurs bis zum Ankerplatz.

Die Passage zwischen der Leuchttonne BA und der überwaschenen Klippe La Baleine ist sehr eng und nur bei ruhiger See möglich.

### Hinweis

Die Gefahrenstelle Baleine du Large liegt etwas südöstlicher als auf einigen Seekarten angegeben und ist erst spät an der grünen Wasserfärbung zu erkennen.

### Passe du Pain de Sucre

Der nur 4 ft unter der Wasseroberfläche liegende Korallenstock etwa 350 m südöstlich Ilet à Cabrit ist durch eine Tonne mit schwarzen Balltoppzeichen markiert, sonst ist die Durchfahrt frei von Untiefen.

## Ankermöglichkeiten

### Anse du Bourg

Die Ankerplätze innerhalb der Bucht sind durch die Berge von Terre d'en Haut und Ilet à Cabrit gut geschützt. Die Wassertiefe beträgt bis dicht unter Land noch 25–35 ft, der Ankergrund besteht aus Fels mit großen Sandflecken.

### Ilet à Cabrit

Wer Ruhe, Abgeschiedenheit und sauberes Wasser bevorzugt und morgens nicht vom ersten Hahnenschrei geweckt werden will, geht hier vor Anker. Die besten Ankerplätze liegen nahe der alten Mole auf 18 ft Wasser.

### Anse à Cointe

Die Ankerplätze südwestlich von dem markanten Felsvorsprung Le Pain de Sucre sind je nach Jahreszeit mehr oder weniger unruhig. Der kleine Palmenhain davor gibt dem Ankerplatz die typisch westindische Kulisse.

Die Baie de Marigot kann ich als Ankerplatz nicht empfehlen, selbst bei Ostwindlage ist es in der Bucht noch äußerst ruppig.

# Dominica

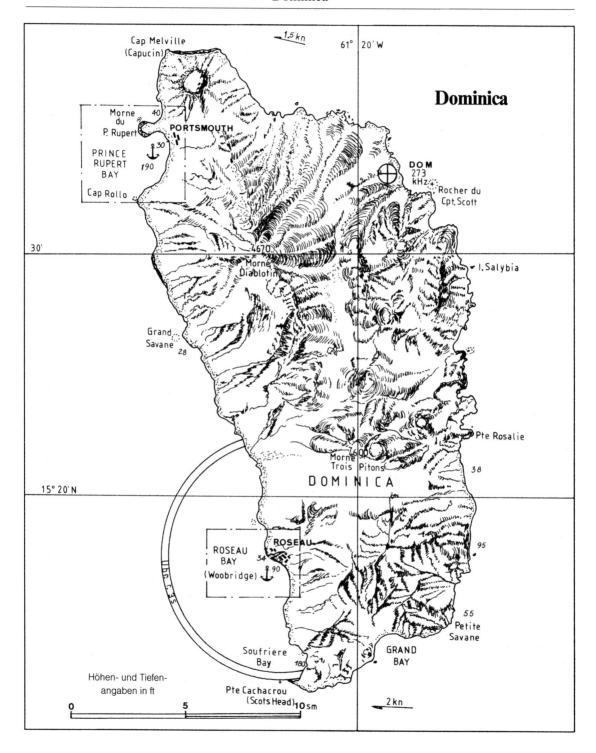

# Dominica

Die etwa 27 sm lange und 12 sm breite Vulkaninsel Dominica mit einer Fläche von 751 qkm ragt zerklüftet und fast unnahbar zwischen Guadeloupe und Martinique aus dem Blau des Karibischen Meeres empor. Im Inselinneren liegen die beiden höchsten Berge Morne Diablotin und Morne Trois Pitons, fast dämonisch im unzugänglichen Dschungel, mit ihren Kuppen von 1441 und 1421 m Höhe jedoch von See weithin sichtbar. Der tropische Urwald, der die Berge bedeckt, ist nahezu undurchdringlich.

Der riesige See „Boiling Lake" mit unterirdischen Schwefelquellen wurde erst 1922 entdeckt. Zahllose Wasserfälle stürzen über Felsen in tiefe Schluchten hinab und bilden Hunderte von Bächen und Flüssen, die das zerklüftete Land durchqueren. Dominica gehört zu den niederschlagsreichsten Gebieten der Erde; die Regenmenge pro Jahr beträgt in den Bergen 10 000 mm und an der Küste 2000 mm.

Die Natur ist vielerorts unberührt und zeigt eine für Europäer unvorstellbare pflanzliche Vielfalt, in der es nur so von Leben wimmelt. Riesenfarne, Mahagonibäume, Zedern, Palas, Chatagnier- und Gummibäume bilden die Hauptvegetation. In dem Gewirr von Bäumen, Ästen und bis zum Boden hängenden Lianen leben auch die letzten Sisserou-Papageien der Welt, der grüngefiederte Wappenvogel Dominicas aus der Gattung Amazonas.

Auf dem Boden krabbeln Eidechsen, Riesenkrabben und – besondere Attraktion Dominicas – das „Mountain Chicken", nichts anderes als ein Riesenfrosch, der in vielen Restaurants als Spezialität auf der Speisekarte steht.

Schwerpunkte der Besiedlung sind die Orte um Roseau und Portsmouth sowie die Küstenstreifen. Die 82 000 Bewohner der Insel (1987) sind zu 95 Prozent Farbige.

In einem Reservat im Nordosten der Insel leben noch einige Hundert Kariben in kleinen Gemeinden mehr schlecht als recht, deren Vorfahren im Schutz der dichten Urwälder der Insel dem weißen Mann entkamen.

Dominica liegt abseits vom Touristenstrom, bedingt durch den kleinen Flughafen und die unzugänglichen Küsten. Insgesamt gibt es nur rund 300 Hotelbetten auf der Insel. Die Wirtschaft konzentriert sich auf den Anbau von Bananen, Pampelmusen und anderen tropischen Früchten. Der Tourismus gibt nur wenigen Bürgern dieses selbständigen Commonwealthstaates einen sicheren Arbeitsplatz.

**Navigation**

Entlang der 27 sm langen Westküste von Dominica gibt es nur zwei akzeptable Ankerplätze: die Prince Rupert Bay im Norden und die Reede von Roseau im Süden der Insel. Die 100-m-Tiefenlinie verläuft in kurzem Abstand entlang der Küste, die steil ins tiefe Wasser abfällt. Im Küstenbereich kann es selbst bei Passatlage zu heftigen Fallböen kommen, die plötzlich aus den Schluchten kommen.

Der Oberflächenstrom setzt entlang der Küste vorwiegend in nördlichen Richtungen, an einigen Stellen mit bis zu zwei Knoten.

## Prince Rupert Bay

Die etwa 2,5 sm lange Bucht zwischen Prince Rupert Pt. (Morne du P. Rupert/Bluff Pt.) und Pt. Ronde (Cap Rollo/Rollo Head) ist der einzig sichere Ankerplatz auf Dominica und bester Absprunghafen nach Guadeloupe.

# Die Nordwest-Küste

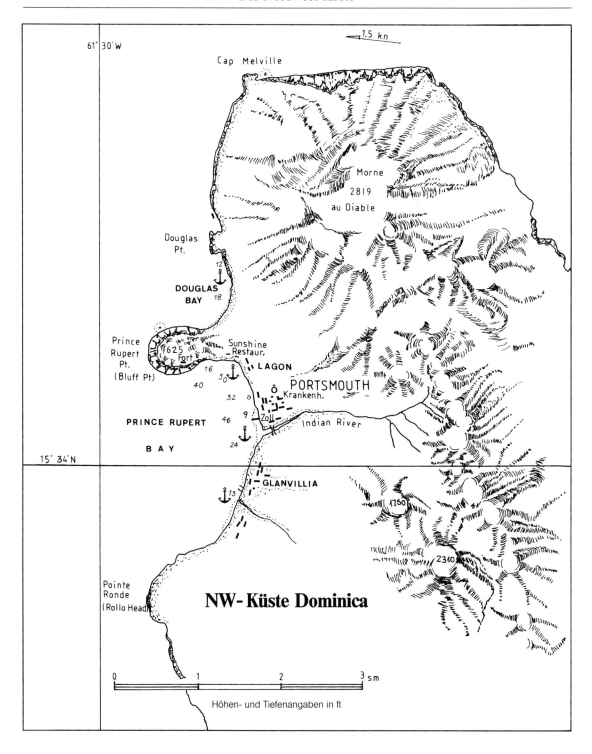

# Portsmouth

Der Ort Portsmouth am Scheitel der Bucht besteht zum größten Teil aus westindischen Bretterbuden, aber was wären die karibischen Inseln ohne diese Orte, wo erst beim zweiten Besuch das zerfallende Drumherum akzeptiert wird. Einklariert wird in dem Gebäude hinter dem beschädigten Anleger. Die Bürostuben des Zollbeamten liegen im Schatten der Bordwand eines Stahlfrachters, der 1984 dem Hurrikan Klaus zum Opfer fiel. Eine Tür weiter sitzt der Immigrationsbeamte, der die Pässe der Crew mit einem Stempel versieht und auch Deutschen gegenüber recht zugänglich ist. Die Post ist im gleichen Gebäude ein Stockwerk höher untergebracht.

Obst, die wichtigsten Lebensmittel und Getränke kann man in den kleinen Läden im Ort kaufen, das Sunshine Restaurant im Bungalow Beach-Hotel-Komplex im Norden der Bucht wird von Irene Eckart, der österreichischen Frau des deutschen Besitzers Alfred Eckart, geleitet. Das Restaurant und die Anlage sind eine Oase im „Portsmouth Dschungel"; hier gibt es die neuesten Inselinfos und ein kühles Bier vom Faß bei Leo an der Bar.

**Anker- und Festmachemöglichkeiten**

Die Ankerplätze in der Bucht sind gut geschützt und frei von Untiefen. Will man einklarieren oder über Tag das Schiff für einen Landbesuch verlassen, empfehle ich, dicht vor dem Einkla-

*Portsmouth*

# Die Südwest-Küste

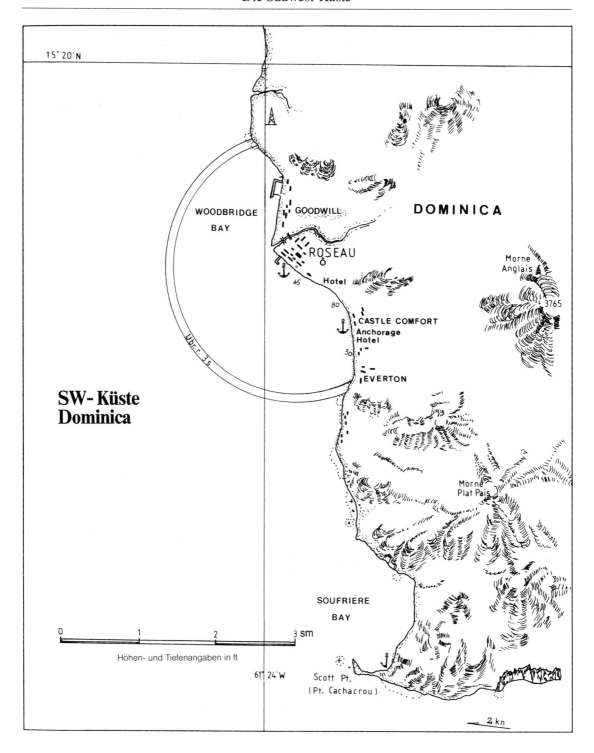

rierungsbüro vor Anker zu gehen. Die Wassertiefe variiert zwischen 10 und 30 ft, der Ankergrund ist gut haltender Sand.

Die neue Marina, wie in einem Hafenhandbuch angekündigt, ist weder im Bau noch liegen bei den Behörden konkrete Pläne vor. Aus meiner Sicht werden die Yachties auch in den nächsten Jahren auf diesen Service verzichten müssen.

**Besonderheiten**

Kaum liegt die Yacht vor Anker, hängt auch schon der erste „fliegende Händler" an der Reling mit der Begrüßung: „Hi, Skip, was ist los?" Angeboten werden Bootsfahrten auf dem Indian River, Inselrundfahrten und Früchte. Für viele der jungen Leute ist dies die einzige Einnahmequelle in der näheren Umgebung von Portsmouth.

**An Land**

Unbedingt besuchen sollte man das Fort Shirley zwischen den Hügeln West und East Cabrit auf Prince Rupert Point. Von hier aus hat man, besonders in der Nachmittagssonne, einen herrlichen Blick über die Bucht.

Im Ort kann man nach Erwerb eines dominicanischen Führerscheins für ca. 40 US-$/Tag einen Leihwagen mieten, um die Insel auf eigene Faust zu erkunden.

# Roseau

Roseau, die Hauptstadt der Insel, wird von Yachten selten besucht, weil der Ankergrund hier miserabel ist und man auch in Portsmouth einklarieren kann.

Die Stadt wurde am 29. 8. 79 von der Gewalt des Hurrikans „David" stark zerstört, ist inzwischen aber wieder liebevoll aufgebaut. Die schwer beschädigte Betonmole wurde jedoch noch nicht repariert.

Im Ortskern liegen die wichtigsten Punkte dicht beieinander. Das Einklarierungsbüro befindet sich im ersten Stock eines Lagerschuppens direkt neben der zerstörten Pier. Die Dienststunden sind Montag bis Freitag von 08.00-12.00 und 13.00-17.00 Uhr. Die Pässe werden auf der Polizeistation am Ende der Cork Street abgestempelt. Touristenbüro und Post gruppieren sich um den Markt. Einen gut sortierten Supermarkt findet man an der Ecke Cork Street/Bay Street. Plant man eine Inselrundfahrt oder einen Kurztrip zu den Trafalgar Falls, ist Portsmouth im Norden Dominicas der geeignetere Ausgangspunkt, allein schon wegen des Driftrisikos vor Roseau.

**Anker- und Festmachemöglichkeiten**

Unter dem Tiefwasserhafen Roseau versteht die Hafenbehörde die Reede von Woodbridge Bay bis südlich vom ehemaligen Anleger. Das Liegen vor Anker in der Woodbridge Bay betrachtet selbst der anspruchloseste Westindienfahrer als Zumutung, zudem muß eine Erlaubnis dafür bei den Hafenbehörden eingeholt werden.

Die Ankerplätze vor Roseau sind tückisch, die Wassertiefen fallen steil ab, der Ankergrund besteht aus Fels und Kieselsteinen, Schiffe geraten nicht selten ins Treiben.

Der beste dieser „schlechten" Ankerplätze liegt vor dem Anchorage Hotel, der Untergrund ist ebenfalls steinig, und das Ankern ist auch hier ein Geduldspiel.

**Hinweis**

Außer in der Prince Rupert Bay ist das Ankern an der Leeküste von Dominica unsicher, und man ist dem Schwell voll ausgesetzt.

## Anhang

## Wichtige Adressen und Telefonnummern

### INSEL: ANGUILLA

*Telefonnummern für Notfälle*
| | |
|---|---|
| Polizei | 23 33 |
| Krankenhaus | 25 51 |
| Arzt | 65 22 / 28 82 / 26 32 |

*Kommunikation*
| | | |
|---|---|---|
| Post | 25 28 | 08.30-12.00 / 13.00-15.30 Uhr |
| Telegramme | 22 23 | Cable & Wireless |
| Operator | 22 10 | Cable & Wireless |

*Flughafen*
Wall Blake Airport 23 84

*Fluggesellschaft*
Windward Island Airways 2748

*Banken*
| | |
|---|---|
| Caribbean Commercial Bank | 25 71 / 2 / 3 |
| Bank of Amerika | 22 36 / 28 36 |
| National Bank of Anguilla | |
| Barclays Bank | |

geöffnet Mo.–Fr. 08.00–13.00 / Fr. 15.00–17.00 Uhr

*Touristenbüro*
Department of Tourism 24 51 / 27 59
geöffnet 08.00–16.00 Uhr

*Mietautos*
| | |
|---|---|
| Connor's Car Rental | 24 33 |
| Budget Rent-a-Car | 22 17 |
| Island Car Rental | 27 23 |

*Taxis*
Harry's Reliable Taxi Service Tours 43 36 / 41 33

### INSEL: ST. MAARTEN / ST. MARTIN

*Telefonnummern für Notfälle*
| | | |
|---|---|---|
| Polizei / Feuer | 2 22 22 | Marigot: 50 04 |
| Krankenwagen | 2 22 22 | 86 25 / 72 00 |
| Krankenhaus | 3 11 11 | |
| Seenot (Sea Rescue) | 2 22 22 | |

*Kommunikation*
| | |
|---|---|
| Information | 2 22 11 |
| Post | 2 22 89 |

*Flughafen*
| | |
|---|---|
| Flight Information | 4 42 11 |
| Information Desk | 4 21 61 |

*Fluggesellschaften*
| | |
|---|---|
| Air Guadeloupe / Air France | 5 42 12 |
| Air Martinique | 5 42 12 |
| ALM Antillean Airways | 5 42 30 |
| American Airlines | 5 33 04 / 5 20 40 |
| BWIA | 5 34 44 |
| KLM | 5 42 40 |
| Lufthansa | 5 24 03 |
| Crown Air | 5 34 44 |
| Winair | 5 42 10 |
| LIAT | 5 42 03 |

*Banken*
geöffnet Mo.–Fr. 08.00–13.00 / Fr. 16.00–17.00 Uhr
| | |
|---|---|
| ABN | 2 35 05 |
| Barclays Bank PLC | 2 24 91 |
| Chase Manhattan Bank | 4 41 04 |
| Citco Bank Antilles | 2 34 71 |
| Island Finance Corp. | 2 26 76 |
| Nederlandse Creditbank | 2 29 33 |
| The Bank of Nova Scotia | 2 22 62 |
| The Windward Island Bank | 2 34 85 |

*Touristenbüro*
De Ruypertlein, Philipsburg 2 23 37

*Mietautos*
| | |
|---|---|
| Avis Mercury Transport N.V. | 4 23 16 / 4 27 52 |
| Budget Rent-a-Car | 4 42 74 / 4 42 75 |
| Caribbean Auto Rentals | 4 52 11 |
| Dollar Rent-a-Car | 2 26 98 / 2 42 42 |
| Opel Car Rentals N.V. | 4 26 44 / 2 34 96 |
| Rama Car Rental | 2 25 82 |
| Risdon Car Rental | 2 35 78 / 4 42 39 |
| Speedy Car Rental | 2 38 93 |
| Sunny Car Rental | 2 25 77 |

### INSEL: ST. BARTHÉLEMY

*Telefonnummern für Notfälle*
| | |
|---|---|
| Polizei | 66 66 |
| Feuer | 62 31 |
| Krankenhaus | 60 00 / 60 35 |
| Arzt | 66 84 / 66 40 / 64 27 / 66 50 |

*Kommunikation*
Post     Rue Roi Oscar II
geöffnet 08.00–12.00 / 14.00–16.00 Uhr

*Flughafen* 65 33 / 65 41

*Fluggesellschaften*
| | |
|---|---|
| Air France | 61 90 / 64 44 |
| Air St. Barthélemy | 71 90 |
| Winair | 61 01 |
| Virgin Air | 71 76 |
| Air Guadeloupe | 61 90 / 64 44 |

*Banken* geöffnet 08.15–12.00 / 14.00–15.30 Uhr
| | |
|---|---|
| Banque Commerciale | 62 62 |
| Banque Nationale de Paris | 63 70 |

*Touristenbüro*
Tourist Information Center 60 08

*Mietautos*
La Presqu'ile De Voiture 64 60

## Anhang

| | |
|---|---|
| Henris Car Rental (Hertz) St. Jean | 71 14 |
| Budget St. Jean | 66 30 |
| Europcar Caraibes Car Service | 64 87 |
| St. Barth's Car Rental (Avis) | 71 43 |
| Maurice Car Rental Airport | 65 04 |
| Chez Beranger Gustavia | 61 63 |

*Taxis*
| | |
|---|---|
| Hugo Cagan | 61 28 |
| Bruno Beal | 60 05 |
| Florvin Garrin | 64 39 |

### INSEL: SABA

*Telefonnummern für Notfälle*
| | |
|---|---|
| Polizei / Feuer | 32 37 / 32 22 |
| Krankenwagen/-haus | 32 88 / 32 89 |
| Krankenhaus | 22 32 |
| Arzt | 32 39 / 32 45 / 22 28 |

*Flughafen*     Juan Yrausquin Airport     22 22

*Fluggesellschaften*     Winair     22 12

*Bank*     Banco Barclays Antilliano     23 92

*Touristenbüro*
Saba Tourist Bureau, Windwardside     22 31

### INSEL: ST. EUSTATIUS

*Telefonnummern für Notfälle*
| | | |
|---|---|---|
| Polizei / Feuer | | 23 33 / 22 84 |
| Krankenwagen | | 22 11 / 23 71 |
| Krankenhaus | Princess Beatrix Hospital | 22 11 / 23 71 |
| Arzt | | 22 11 |

*Kommunikation*
| | | |
|---|---|---|
| Post | Fort Oranjestad | 22 07 / 23 77 |
| Telegramme | Lands Radio | 23 20 / 22 10 |
| Operator | Lands Radio | 23 20 / 22 10 |

*Flughafen*     F.D. Roosevelt Airport

*Fluggesellschaften*
| | |
|---|---|
| Winair | 23 81 / 23 62 / 22 61 |
| LIAT | 23 98 |

*Bank* geöffnet 08.30–13.00 / 16.00–17.00 Uhr
Barclays Bank     23 92

*Touristenbüro*
Fort Oranjestraat 3     22 13 / 22 09 ext. 117

*Mietautos*
| | |
|---|---|
| Glovers Rentals | 22 06 |
| Multi Garage No. 1 | 2 33 66 |
| Richardson Taxi & Car Rental | 23 78 |
| Risdon Car Rental | 23 09 |
| Rouse Enterprises | 23 11 |
| Sugar Hill Car Rental | 23 05 |

*Taxis*
| | |
|---|---|
| Grovelle Taxis Service | 23 14 |
| Blondell Berkel Taxi Service | 24 06 |
| Richardson Taxi | 23 78 |
| Glovers Rental | 22 06 |

### INSEL: ST. KITTS / ST. CHRISTOPHER

*Telefonnummern für Notfälle*
Polizei / Feuer     22 41 / 29 99

*Kommunikation*
| | |
|---|---|
| Telegramme | 22 19 |
| Operator Skantel | 21 55 / 22 19 |

*Flughafen*     Golden Rock Airport

*Fluggesellschaften*
| | |
|---|---|
| Air BWI | 84 84 |
| BWIA | 22 86 |
| LIAT | 82 00 / 22 86 |
| Pan Am | 84 90 / 84 91 |
| Winair | 21 86 / 80 10 |
| American Eagle | 84 90 / 87 10 |

*Banken*     geöffnet Mo.–Do. 08.00–13.00 Uhr
             Fr. 08.30–13.00 / 15.00–17.00 Uhr
| | |
|---|---|
| Barclays Bank Intern. | 25 19 |
| St. Kitts-Nevis-Anguilla Nation. Bank | 22 04 / 22 02 |
| Royal Bank of Canada | 24 09 |

*Touristenbüro*
Church Street, P.O. Box 132, Basseterre     26 20 / 40 40

*Mietautos*
| | |
|---|---|
| Avis Rent-a-Car | 26 31 |
| Caines Rent-a-Car | 23 66 / 23 58 |
| TDC Rentals Ltd. | 29 91 / 25 11 |
| Sunshine Car Rentals | 21 93 |
| Budget | 40 20 |
| Brown's | 33 38 |
| Byrons | 21 65 |
| Economy | 26 31 |

### INSEL: NEVIS

*Telefonnummer für Notfälle*
Polizei     55 00

*Kommunikation*
| | |
|---|---|
| Telegramme | 52 94 |
| Operator Skantel | 52 94 |

St. Kitts & Nevis Telecommunications Ltd.
Mo.–Fr. 08.00–17.00 / Sa. 08.00–12.00 Uhr

*Flughafen*     Newcastle Airport

*Fluggesellschaft*
BWIA     52 38

| | |
|---|---|
| Carib Aviation | 52 95 |
| LIAT | 53 02 / 53 33 |
| Winair | 55 83 |

*Banken* geöffnet Mo.–Do. 08.00–13.00 Uhr
Fr. 08.30–13.00 / 15.00–17.00 Uhr

| | |
|---|---|
| Barclays Bank Intern. | 54 62 |
| Nevis Co-Operative Banking Co. Ltd. | 52 77 |
| St. Kitts-Nevis-Anguilla National Bank | 52 44 |

*Touristenbüro*

| | |
|---|---|
| Nevis Tourist Office | 55 21 ext. 20 49 / 20 37 |

*Mietautos*

| | |
|---|---|
| Avis Rent-a-Car | 56 48 |
| Car Park | 55 45 |
| Multi Line Service | 53 89 |
| TDC Rentals | 54 30 |
| Budget | 53 90 |
| Powells | 53 00 |
| Skeete's | 54 38 |

*Taxis*

| | |
|---|---|
| Bustaxi | 59 75 |

## INSEL: MONTSERRAT

*Kommunikation*

| | |
|---|---|
| Post | 08 15–15 55 |

*Flughafen* Blackburne Airport

*Fluggesellschaft*

| | |
|---|---|
| LIAT | 42 00 |

*Touristenbüro*

| | |
|---|---|
| Montserrat Tourist Bureau P.O. Box 7 | 22 30 |

*Mietautos*

| | | |
|---|---|---|
| Amersham: | Pauline's Car | 23 45 |
| Olveston: | Neville | 52 70 |
| Dagenham: | Jefferson's Car | 21 26 |

*Taxis*

| | |
|---|---|
| Taxistand Plymouth | 22 61 |

## INSEL: ANTIGUA

*Telefonnummern für Notfälle*

| | |
|---|---|
| Polizei / Feuer | 9 99 |
| Krankenhaus | 4 62 02 51 |
| Seenot (Air Sea Rescue) | 4 62 30 62 |

*Flughafen* V.C. Bird Airport

*Fluggesellschaften*

| | |
|---|---|
| Carib Aviation | 4 62 31 47 |
| Deutsche Lufthansa | 4 62 07 00 |
| LIAT | 4 62 07 00 |
| American Airlines | 4 62 09 50 |

*Banken*
English Harbour: Bank of Antigua
geöffnet Mo.–Fr. 09.30–12.30, Fr. 14.00–16.00 Uhr

*Deutsches Konsulat*

| | |
|---|---|
| (Carsten Biel, Honorarkonsul) | 4 62 31 74 |
| Telefax | 4 62 34 96 |

*Touristenbüro*
Department of Tourism, P.O. Box 363

| | |
|---|---|
| High Street & Corn Alley, St. John | 2 00 29 / 2 04 80 |

*Mietautos*

| | |
|---|---|
| Budget | 4 62 30 09 |
| Jonas | 4 62 37 60 |
| Rent a Car | 4 62 03 62 |

# Umrechnungstabelle

## Englische Gallonen in Liter  1 Gallone = 4·546 Liter

| Gall. | 0 | 1 | 2 | 3 | 4 | 5 | 6 | 7 | 8 | 9 |
|---|---|---|---|---|---|---|---|---|---|---|
| 0  |         | 4·546   | 9·092   | 13·638  | 18·184  | 22·730  | 27·276  | 31·822  | 36·368  | 40·914  |
| 10 | 45·460  | 50·006  | 54·552  | 59·098  | 63·643  | 68·189  | 72·735  | 77·281  | 81·827  | 86·373  |
| 20 | 90·919  | 95·465  | 100·011 | 104·557 | 109·103 | 113·649 | 118·195 | 122·741 | 127·287 | 131·833 |
| 30 | 136·379 | 140·925 | 145·471 | 150·017 | 154·563 | 159·109 | 163·655 | 168·201 | 172·747 | 177·293 |
| 40 | 181·839 | 186·384 | 190·930 | 195·476 | 200·022 | 204·568 | 209·114 | 213·660 | 218·206 | 222·752 |
| 50 | 227·298 | 231·844 | 236·390 | 240·936 | 245·482 | 250·028 | 254·574 | 259·120 | 263·666 | 268·212 |
| 60 | 272·758 | 277·304 | 281·850 | 286·396 | 290·942 | 295·488 | 300·034 | 304·580 | 309·125 | 313·671 |
| 70 | 318·217 | 322·763 | 327·309 | 336·855 | 336·401 | 340·947 | 345·493 | 350·059 | 354·585 | 359·131 |
| 80 | 363·677 | 368·223 | 372·769 | 377·315 | 381·861 | 386·407 | 390·953 | 395·499 | 400·045 | 404·591 |
| 90 | 409·137 | 413·683 | 418·229 | 422·775 | 427·321 | 431·866 | 436·412 | 440·958 | 445·504 | 450·050 |

Beispiel: 43 gallons = 195,48 Liter

## U.S.-Gallonen in Liter  1 U.S.-Gallone = 3·7854 Liter

| U.S Galls. | 0 | 1 | 2 | 3 | 4 | 5 | 6 | 7 | 8 | 9 |
|---|---|---|---|---|---|---|---|---|---|---|
| 0  |          | 3·7854   | 7·5708   | 11·3562  | 15·1416  | 18·9270  | 22·7124  | 26·4978  | 30·2832  | 34·0686  |
| 10 | 37·8540  | 41·6394  | 45·4248  | 49·2102  | 52·9956  | 56·7810  | 60·5664  | 64·3518  | 68·1372  | 71·9226  |
| 20 | 75·7080  | 79·4934  | 83·2788  | 87·0642  | 90·8496  | 94·6350  | 98·4204  | 102·2058 | 105·9912 | 109·7766 |
| 30 | 113·5620 | 117·3474 | 121·1328 | 124·9182 | 128·7036 | 132·4890 | 136·2744 | 140·0598 | 143·8452 | 147·6306 |
| 40 | 151·4160 | 155·2014 | 158·9868 | 162·7722 | 166·5576 | 170·3430 | 174·1284 | 177·9138 | 181·6992 | 185·4846 |
| 50 | 189·2700 | 193·0554 | 196·8408 | 200·6262 | 204·4116 | 208·1970 | 211·9824 | 215·7678 | 219·5532 | 223·3386 |
| 60 | 227·1240 | 230·9094 | 234·6948 | 238·4802 | 242·2656 | 246·0510 | 249·8364 | 253·6218 | 257·4072 | 261·1926 |
| 70 | 264·9780 | 268·7634 | 272·5488 | 276·3342 | 280·1196 | 283·9050 | 287·6904 | 291·4758 | 295·2612 | 299·0466 |
| 80 | 302·8320 | 306·6174 | 310·4028 | 314·1882 | 317·9736 | 321·7590 | 325·5444 | 329·3298 | 333·1152 | 336·9006 |
| 90 | 340·6860 | 344·4714 | 348·2568 | 352·0422 | 355·8276 | 359·6130 | 363·3984 | 367·1838 | 370·9692 | 374·7546 |

Beispiel: 13 U.S. Galls. = 49,21 Liter

## Fuß in Meter  1 ft. = 0.3048 Meter

| ft. | 0 | 1 | 2 | 3 | 4 | 5 | 6 | 7 | 8 | 9 |
|---|---|---|---|---|---|---|---|---|---|---|
| 0  |         | 0.3048  | 0.6096  | 0.9144  | 1.2192  | 1.5240  | 1.8288  | 2.1336  | 2.4384  | 2.7432  |
| 10 | 3.0480  | 3.3528  | 3.6576  | 3.9624  | 4.2672  | 4.5720  | 4.8768  | 5.1816  | 5.4864  | 5.7912  |
| 20 | 6.0960  | 6.4008  | 6.7056  | 7.0104  | 7.3152  | 7.6200  | 7.9248  | 8.2296  | 8.5344  | 8.8392  |
| 30 | 9.1440  | 9.4488  | 9.7536  | 10.0584 | 10.3632 | 10.6680 | 10.9728 | 11.2776 | 11.5824 | 11.8872 |
| 40 | 12.1920 | 12.4968 | 12.8016 | 13.1064 | 13.4112 | 13.7160 | 14.0208 | 14.3256 | 14.6304 | 14.9352 |
| 50 | 15.2400 | 15.5448 | 15.8496 | 16.1544 | 16.4592 | 16.7640 | 17.0688 | 17.3736 | 17.6784 | 17.9832 |
| 60 | 18.2880 | 18.5928 | 18.8976 | 19.2024 | 19.5072 | 19.8120 | 20.1168 | 20.4216 | 20.7264 | 21.0312 |
| 70 | 21.3360 | 21.6408 | 21.9456 | 22.2504 | 22.5552 | 22.8600 | 23.1648 | 23.4696 | 23.7744 | 24.0792 |
| 80 | 24.3840 | 24.6888 | 24.9936 | 25.2984 | 25.6033 | 25.9081 | 26.2129 | 26.5177 | 26.8225 | 27.1273 |
| 90 | 27.4321 | 27.7369 | 28.0417 | 28.3465 | 28.6513 | 28.9561 | 29.2609 | 29.5657 | 29.8705 | 30.1753 |

Beispiel: 55 feet = 16.7640 m

### Faden („fathom")
Tiefenangaben werden in britischen Seekarten teilweise noch in Faden („fathom") vermerkt:

1 Faden =  6 Fuß = 1,83 Meter
2 Faden = 12 Fuß = 3,66 Meter

### Yards in Fuß und Meter

1 Yard = 3 Fuß = 0,9144 Meter
2 Yard = 6 Fuß = 1,8288 Meter
3 Yard = 9 Fuß = 2,7432 Meter

# Formblatt für den Seewetterbericht von Radio Antilles (Big Ra)

"Here is the Marine Weather Forecast for the Caribbean Sea and Atlantic between 5° and 35° North Latitude and 40° and 75° West Longitude valid up to …"

(1) The Atlantic between the Caribbean and 35°N and 65°W and 75°W

General Synopsis _____

WX and Winds _____

Waves and Swells _____

(2) The Atlantic NE of the Caribbean between 20°N and 35°N and 40°W and 65°W

General Synopsis _____

WX and Winds _____

Waves and Swells _____

(3) The Atlantic East of the Caribbean between 5°N and 20°N and 40°W and the Caribbean

General Synopsis _____

WX and Winds _____

Waves and Swells _____

(4) The Caribbean Sea East of 75°W

General Synopsis _____

WX and Winds _____

Waves and Swells _____

(5) The Caribbean Sea West of 75°W

General Synopsis _____

WX and Winds _____

Waves and Swells _____

Warnings _____

# Crew List

NAME OF YACHT ..................  TYPE OF THE YACHT ..................
FLAG ..................  NET TONNAGE ..................
PORT OF REGISTRY ..................  LENGTH ..................
LAST PORT ..................  OWNER'S NAME ..................
NEXT PORT ..................  ADDRESS ..................

| FAMILY NAME | FIRST NAME | DATE OF BIRTH / PLACE OF BIRTH | NATIONALITY | PASSPORT NBR. / PLACE OF ISSUE / DATE OF ISSUE | FULL ADDRESS | POSITION ON BOARD |
|---|---|---|---|---|---|---|
| | | | | | | |
| | | | | | | |
| | | | | | | |
| | | | | | | |
| | | | | | | |
| | | | | | | |
| | | | | | | |
| | | | | | | |
| | | | | | | |

**Register**

Anguilla ............. 53
Anguilla, Nordküste ... 61
Anguilla, Nordwestküste 55
Anguilla, Südküste .... 55
Anse à Cointe ........177
Anse à la Barque ......164
Anse de Marigot ...... 90
Anse Deshaies ........163
Anse du Bourg ........175
Anse Marcel ......... 67
Antigua .............135
Antigua, Nordwest- und
Ostküste .............146
Antigua, Südküste .....137
Antigua, Südostküste ...149

Baie de St. Jean ....... 90
Baie de Marigot ....... 84
Baie Orientale/
Orient Bay .......... 70
Ballast Bay ..........125
Barbuda .............157
Basse Espagnole ...... 68
Basseterre ..........165
Basseterre ..........121
Blowing Point Harbour . 55
Bobby's Marina ....... 79
Bourg des Saintes .....175

Carlisle Bay ..........143
Catamaran Marina .....143
Charlestown ..........128
Crabb's Marina .......149
Crocus Bay .......... 60

Dickenson Bay ........145
Dominica ............179

English Harbour ......137

Falmouth Harbour .....141
Fort Baai ............107
Frigate Bay ..........124

Grand Bourg .........173
Grand Etang de
Simson Baai .......... 80
Great Bay Marina ..... 79
Guadeloupe und
Nebeninseln ..........161
Guadeloupe,
Südostküste ..........167

Iles des Saintes........175
Ilet à Cabrit ..........177
Indian Creek .........155
Island Harbour........ 61
Island Water World
Marina .............. 84

Ladder Baai ..........107
Le Gosier ............169

Mamora Bay .........154
Marie Galante ........172
Marigot ............. 86
Marina du Bas-du-Fort .167
Marina du St. François .170
Montserrat ..........129

Narrows, The .........125
Nevis ...............127
Nonsuch Bay .........149
North Sound/Parham
Sound ...............147

Oranje Baai ..........115
Oranjestad ...........116
Orient Bay/Baie
Orientale ............ 70
Oyster Pond .......... 72

Parham Sound / North
Sound ...............147
Philipsburg........... 76
Plymouth ............131

Pointe-à-Pitre .........167
Port de Gustavia....... 92
Port de Plaisance ...... 83
Port de Rivière Sens ...165
Port la Royale......... 86
Port Lonvilliers
(Marina) ............. 68
Portsmouth...........181
Prince Rupert Bay .....179
Prickley Pear Cays..... 57

Road Bay ............ 57
Roseau ..............183

Saba ................105
Saint Louis ..........172
Sandy Ground Village .. 59
Sandy Island ........ 55
Sandy Point Village ....121
Simson Baai .......... 79
Simson Bay Yacht Club . 84
St. Barthélemy ........ 87
St. Barthélemy,
Südküste............. 92
St. Christopher .......119
St. Christopher,
Südostküste ..........124
St. Christopher,
Südwestküste .........120
St. Eustatius ..........111
St. John's Harbour .....145
St. Maarten/St. Martin . 63
St. Maarten/St. Martin,
Ostküste ............. 70
St. Maarten/St. Martin,
Südküste............. 75

Terre d'en Haut ......175

Well's Baai .......... 79
White House Bay ......124
Willoughby Bay .......153

**Julius Wilensky / Bernhard Bartholmes
Segeln in der Karibik 1**

Martinique – Grenada

Der Traum eines jeden Seglers ist ein Charterurlaub in der Karibik: palmengesäumte Strände, malerische Korallenriffe, kristallklares Wasser, traumhaft einsame Ankerbuchten und über allem ein fast immer blauer Himmel, die Luft von einer leichten Brise angenehm temperiert. Dieser nautische Reiseführer beschreibt die Inselwelt der Windward Islands zwischen Martinique und Grenada sowie Barbados.

Neben dem Zauber einer exotischen Landschaft vermittelt dieser Führer handfeste Informationen: Neben den wichtigen nautischen Daten werden Tips zu Chartermöglichkeiten, Anreise, Zoll und Währung gegeben.

168 Seiten, 43 Pläne, 85 Fotos, davon 16 farbig, Format 30 x 21 cm, farbiger Einband.

**Bernhard Bartholmes
Virgin Islands**

Pläne und Luftbilder von Häfen und Ankerplätzen in der Karibik

In diesem nautischen Reiseführer werden die „Jungferninseln", die Virgin Islands vorgestellt: St. Thomas, St. John, Tortola, Virgin Gorda und Anegada. Die Virgin Islands sind für deutschsprachige Segler als karibisches „Einsteiger"-Revier immer attraktiver geworden. Vor allem seit der Dollarkurs günstiger wurde und feste Flugverbindungen von Deutschland aus bestehen.

Der Autor hat während verschiedener mehrmonatiger Segeltörns die reizvolle Inselwelt erkundet und beschreibt anhand detaillierter Pläne und Luftfotos die Marinas sowie die zahlreichen Ankerplätze und stillen Badebuchten.

144 Seiten, 56 Fotos, davon 9 in Farbe, 48 Pläne, Format 24 x 18 cm, farbiger Einband.

———— überall im Buchhandel erhältlich ————

# Unter Ihnen: Traumhafte Buchten, glasklares Wasser

Von den Virgin Islands über die Leeward Islands bis zu den Grenadinen und Grenada liegt Ihnen die wunderbare Welt der Karibik zu Füßen: Die schönsten Häfen und Ankerplätze, palmenumsäumte Buchten, üppige Vegetation, ein buntes Gemisch der schönsten Farben.

In diesem Buch stehen neben den brillanten Fotos wertvolle Informationen über Klima und Wetter, nautische Unterlagen, sowie Beschreibungen der wichtigsten Einklarierungshäfen. Sie bieten dem Skipper eine wichtige Orientierungshilfe in den unbekannten Gewässern. Das Buch gibt interessante Hinweise auf die geografischen und kulturellen Besonderheiten in dieser wunderschönen Urlaubsregion. Es ist nicht nur für die Freunde des Bootssportes interessant, sondern darüber hinaus für alle, die zum Surfen, Tauchen oder „einfach nur so" dieses reizvolle Gebiet besuchen.

Bernhard Bartholmes
**Karibik aus der Luft**
192 Seiten mit 232 Farbfotos und 12 Plänen, Großformat, gebunden DM 74,-

 Delius Klasing Verlag